LES HÉMORROÏDES DE NAPOLÉON

Phil Mason

LES HÉMORROÏDES DE NAPOLÉON

... et toutes ces petites histoires qui ont fait la grande

Traduit de l'anglais par Valérie Le Plouhinec

Éditeur : Stéphane Chabenat
Suivi éditorial : Bénédicte Gaillard
Conception graphique : Emmanuelle Noël
Conception couverture : Philippe Marchand

Les Éditions **de l'Opportun**
Stéphane Chabenat
16, rue Dupetit-Thouars
75003 PARIS

À Phillip,
notre petite histoire à nous, qui a
changé cette maisonnée à jamais ; sans son
soutien et ses encouragements constants,
ce livre aurait été terminé deux fois plus vite !

SOMMAIRE

INTRODUCTION

Ce livre raconte des évènements minuscules. Des évènements minuscules qui ont eu des conséquences énormes. Certains ont changé le monde. D'autres ont changé des vies et des contributions au monde. D'autres encore auraient pu le faire si les choses avaient tourné juste un peu différemment...

La crise d'hémorroïdes dont souffrait Napoléon au matin de la bataille de Waterloo l'empêcha, dit-on, de surveiller attentivement la situation comme il avait l'habitude de le faire, en sillonnant le champ de bataille sur son cheval. Ce matin-là, terriblement indisposé, il n'était que l'ombre de lui-même. Il manqua de clarté dans ses instructions et retarda l'ouverture des hostilités de plus de cinq heures. On connaît la suite...

Nous allons donc un peu revisiter l'Histoire et porter un rude coup au mythe qui veut que les grandes choses ont de grandes causes. Une grande partie de l'Histoire est en fait la conséquence de petits détours du destin, bénéfiques ou maléfiques. *Les Hémorroïdes de Napoléon* raconte comment de petits jeux du hasard, du destin ou du sort ont influencé, plus largement et plus profondément qu'on ne pourrait le penser, le cours de l'Histoire.

Nous verrons que sans l'intervention d'un ami de la famille, Adolf Hitler se serait suicidé des années avant même de prendre le pouvoir, que Winston Churchill échappa trois fois à la mort avant de devenir le sauveur de la Grande-Bretagne pendant la Seconde Guerre mondiale, qu'il n'y aurait peut-être jamais eu d'ère Reagan s'il ne s'était pas fait refouler du parti communiste à vingt-sept ans ... parce que les communistes le trouvaient vraiment trop limité intellectuellement.

Oui ! Des pans entiers de l'Histoire se réduisent à des hasards infimes. Ceux-ci expliquent que l'Armada espagnole ait raté son invasion en 1588 alors que la flotte britannique était à court de munitions et n'avait coulé qu'un navire ennemi, que la bataille la plus décisive de la guerre de Sécession – Gettysburg – ait eu lieu par accident. Une simple erreur de diagnostic médical a indirectement déclenché la Première Guerre mondiale ; quant à l'assassinat qui a mis le feu aux poudres, il ne tenait qu'à la distraction d'un cocher et à une tasse de café.

Dans le même ordre d'idées, l'Allemagne était informée, au début de la Seconde Guerre mondiale, que les Alliés avaient élucidé son fameux code Enigma ; mais, incapable de se résoudre à le croire, elle continua à utiliser ce système éventé.

Le débarquement de Normandie a failli être reporté à une date ultérieure par les météorologistes, ce qui aurait eu des conséquences catastrophiques. Pendant la crise des missiles cubains, les avions américains et soviétiques n'étaient qu'à deux minutes et demie d'ouvrir le feu.

Et que dire des essais nucléaires britanniques ? Ils ont bien failli avoir lieu… en plein Lincolnshire !

Le canal de Panama aurait dû être creusé au Nicaragua si un simple timbre postal n'avait pas tout changé ; le quartier général des Nations unies devait être construit à Philadelphie, jusqu'à ce qu'un accord immobilier de dernière minute ne le déplace à New York. Les premiers hommes à gravir l'Everest n'auraient pas dû être Hillary et Tenzing. John Fitzgerald Kennedy n'aurait jamais dû être élu président. Le système d'écoutes du président Richard Nixon, qui entraîna sa chute lors du célèbre Watergate, a été révélé accidentellement par un assistant. Ronald Reagan aurait dû être démis de ses fonctions s'il avait montré le moindre signe d'incapacité lors d'un certain jour de 1987…

L'histoire des sciences, des arts, du sport et des affaires, nous permet d'observer le même phénomène !

Le train doit son apparition en Grande-Bretagne à un mensonge proféré par George Stephenson devant le Parlement. Alexander Graham Bell s'est fait reconnaître comme inventeur du téléphone par pure tromperie. L'un des plus grands savants nucléaires au monde est devenu physicien parce qu'il s'était trompé de file d'attente à l'université. Et presque toutes les missions lunaires ont échappé de justesse au désastre.

Les plus grandes réussites culturelles ont parfois des origines pour le moins inattendues. Le film le plus célèbre au monde a failli ne jamais se faire. La scène élue « la plus époustouflante de l'histoire du cinéma » a été entièrement improvisée parce que l'acteur principal, souffrant de diarrhée, était incapable de jouer la scène de bagarre compliquée prévue dans le scénario. Des acteurs célèbres ont obtenu par hasard les rôles qui ont fait leur carrière, et d'autres ont refusé les rôles les plus mythiques. Les œuvres littéraires les plus renommées doivent parfois leur existence aux inspirations les moins volontaires.

Dans le sport aussi, les succès et les échecs individuels doivent souvent tout à des hasards minuscules mais décisifs. Un seul exemple ? Les Russes sont arrivés en retard aux premiers jeux Olympiques pour avoir oublié qu'ils n'obéissaient pas au même calendrier que les autres nations.

Quelques-unes des réussites commerciales les plus éblouissantes sont en fait le fruit d'un hasard heureux. McDonald's ne serait pas devenu un phénomène mondial si un responsable marketing ne s'était pas demandé pourquoi on lui réclamait de fournir quarante machines à milkshake dans un restaurant visiblement trop petit pour cela. La carte de crédit n'aurait peut-être pas évolué si son concepteur n'avait pas oublié son portefeuille. Le code PIN moderne que l'on retrouve partout n'aurait peut-être pas eu quatre chiffres si l'épouse de son créateur avait eu meilleure mémoire…

L'Histoire n'est donc pas une matière mortellement ennuyeuse. Loin s'en faut ! Après avoir lu ce livre, vous saurez que les évènements les plus marquants peuvent avoir une origine dérisoire.

Phil Mason

LES DÉTOURS DE L'HISTOIRE

Louis XVI et Marie-Antoinette auraient pu échapper à la guillotine si la reine n'avait pas modifié leurs projets d'évasion à la dernière minute.

En juin 1791, deux ans après la prise de la Bastille, le gouvernement plonge dans l'anarchie et les chances de maintenir une monarchie constitutionnelle s'éloignent. Louis XVI, conscient du danger, décide de fuir Paris pour rejoindre la frontière la plus proche – celle de la Belgique actuelle –, à un peu plus de trois cents kilomètres. Là, des alliés royalistes doivent lui venir en aide.

Louis prévoit de partir seul dans un petit attelage rapide. Mais quand vient le temps de la séparation, Marie-Antoinette insiste pour faire le voyage avec lui, et emmener leurs deux enfants. La reine est incapable de voyager léger : il lui faut un véhicule bien plus lourd qui se traîne à peine à dix kilomètres à l'heure.

La famille royale quitte le Louvre de nuit et séparément, pour éviter d'éveiller les soupçons. Marie-Antoinette se perd pendant une demi-heure dans le labyrinthe des jardins des Tuileries avant de rejoindre le roi.

L'allure est lente. Une roue se casse et doit être réparée. À ce rythme, le lendemain en fin d'après-midi, la famille royale a trois heures de retard pour son rendez-vous avec l'escorte qui doit la protéger pour la fin du trajet. La rencontre ne se fait pas : les gardes, pensant que le plan a fait long feu, se sont dispersés.

Les fugitifs atteignent le petit village de Sainte-Menehould où ils font halte pour changer de chevaux. La nouvelle de leur fuite s'est déjà répandue et, à en croire de nombreux témoins, le maître de poste reconnaît le roi d'après son portrait reproduit sur un billet de cinquante livres. Lorsqu'ils repartent, il les devance pour aller avertir les autorités de la ville suivante, Varennes.

C'est là, à quarante kilomètres seulement de la sécurité, que le couple royal est arrêté pour être renvoyé à Paris, et condamné à la guillotine.

* * *

La famille royale britannique actuelle ne serait pas sur le trône aujourd'hui sans un étrange tour du destin.

En effet, la plus féconde de toutes les reines d'Angleterre n'a pas réussi à produire un seul héritier… malgré ses dix-neuf grossesses. Anne, la dernière des Stuart, devenue reine en 1702, fut enceinte chaque année de sa vie depuis son mariage en 1683 jusqu'à l'an 1700.

Elle subit quatorze fausses couches et donna naissance à deux garçons et trois filles viables. Un seul de ses fils survécut à la petite enfance. Il mourut en 1700, à l'âge de onze ans. Elle-même s'éteignit en 1714, le corps usé, à l'âge de 49 ans. En l'absence d'héritier direct, la lignée royale passa aux Hanovre. Le cousin au deuxième degré d'Anne devint George Ier. Les souverains actuels sont ses descendants directs.

* * *

Si les pérégrinations de Marco Polo en Chine sont arrivées jusqu'à nous, c'est uniquement parce qu'il s'est retrouvé en prison avec un codétenu curieux.

En 1298, alors qu'il sert comme capitaine honoraire sur un navire vénitien, il est pris dans une des échauffourées qui émaillent les relations de la Sérénissime avec la cité-État rivale de Gênes. Capturé, il est condamné à un an de prison.

C'est son compagnon de cellule, Rustichello de Pise, qui le persuade alors de raconter ses vingt-deux années d'exploits au Moyen-Orient, rédige les souvenirs de l'explorateur et les fait publier.

Le *Devisement du Monde*, ou *Livre des Merveilles*, fait découvrir à l'Europe les civilisations jusqu'alors inconnues du Tibet, de la Chine, de la Mongolie et du Siam (aujourd'hui la Thaïlande). Cet ouvrage contient aussi la première mention faite en Europe de la formidable avance technologique de la Chine.

Marco Polo était assurément un voyageur accompli et plein de ressources, mais le monde ne l'a su que parce qu'il brillait nettement moins dans le commandant naval !

* * *

Christophe Colomb est passé tout près de rater la découverte de l'Amérique en 1492. S'il avait mis vingt-quatre heures de plus, il aurait été contraint d'abandonner son premier voyage vers le Nouveau Monde. Et ce, malgré un subterfuge pour tromper son équipage sur le trajet réellement parcouru.

Il tenait deux carnets de bord : un vrai pour se repérer, et un faux qu'il montrait à ses hommes. Car s'ils avaient connu la vérité, jamais ils n'auraient accepté de s'aventurer aussi loin sur l'océan. Le 9 octobre, après soixante-sept jours de mer, dans une ambiance de plus en plus tendue, son équipage le força à promettre que si la terre ne se montrait pas dans les trois jours, il ferait demi-tour pour rentrer. Au matin du troisième jour, le 12 octobre, la vigie cria : « Terre ! »

* * *

Vous êtes-vous déjà demandé pourquoi l'Amérique ne porte pas le nom de Colomb ? Un faux récit de voyage, une erreur de cartographie et l'obstination du navigateur – qui, jusqu'au jour de sa mort, refusa d'admettre qu'il n'avait pas atteint l'Asie – expliquent cette anomalie.

Cinq ans après le premier voyage de Colomb, le navigateur florentin Amerigo Vespucci réitère l'exploit : il gagne l'Amérique du Sud et comprend, le premier, que c'est un tout nouveau continent.

Après son retour, un faussaire, bien décidé à gagner de l'argent facilement et rapidement, rédige des lettres qu'il fait passer pour les récits de voyage de Vespucci. Dix ans plus tard, l'un de ces faux tombe sous les yeux d'un cartographe, Martin Waldseemuller, qui prépare un nouvel atlas. Celui-ci note, dans la marge de sa description du Nouveau Monde, qu'il serait judicieux de le baptiser *Americus* (la forme latine du nom *Amerigo*) ou « *America*, puisque l'Europe et l'Asie portent la forme féminine de leur nom ».

Sur la carte du Nouveau Monde qu'il publie, la région correspondant au Brésil actuel porte le nom d'« Americus ». Lorsque le célèbre cartographe Mercator produit à son tour ses premières cartes, l'appellation féminisée sera étendue à tout le continent, nord et sud. À l'époque, Vespucci est déjà mort. Il n'aura jamais su qu'il avait donné son nom à tout le Nouveau Monde.

* * *

Si New York est devenue anglaise, c'est parce que les Hollandais raffolaient de la noix de muscade.

En 1616, l'aventurier et commerçant britannique Nathaniel Courthope envahit la petite île de Pulo Run, dans l'archipel des Épices (près de Java, en Indonésie). Ce faisant, il perturbe le monopole hollandais sur un trafic d'épices qui rapporte des profits astronomiques. Un gramme de muscade acheté là-bas se revend jusqu'à six cents fois son prix en Europe. Il faudra plus de quatre ans aux Hollandais pour reprendre Pulo Run. Entre-temps, Courthope a fait signer aux chefs locaux un traité d'alliance avec la Grande-Bretagne.

Un demi-siècle plus tard, alors que les Britanniques et les Hollandais négocient la paix de Brède, les Hollandais acceptent de racheter ce traité d'alliance moyennant une autre de leurs colonies, à laquelle ils n'accordent aucune valeur. En échange de Pulo Run et de ses noix de muscade, ils cèdent une île désolée en Amérique. Cette île n'est autre que Manhattan.

* * *

L'acquisition de l'Alaska auprès de la Russie, en 1867, s'avéra être l'une des meilleures affaires jamais conclues par les États-Unis… tout à fait involontairement.

À moins de deux *cents* l'acre (une acre valant un peu moins d'un demi-hectare), ce vaste territoire a rapporté des milliards de dollars grâce à ses minerais précieux et à son pétrole. Pourtant, au départ, le marché fut tourné en ridicule par les politiciens américains, et le Congrès faillit refuser d'avancer les fonds. Il faut dire que si l'on considère la raison pour laquelle l'Amérique voulait acheter la région, ce fut, de ce point de vue-là, un échec total.

Pour le Secrétaire d'État américain William Seward, le grand avantage de la transaction – qu'il négocia littéralement du jour au lendemain, dans la nuit du 29 au 30 mars – était de faciliter l'annexion du Canada occidental, un objectif de longue date des États-Unis. La guerre de Sécession, qui avait pris fin deux ans plus tôt et pendant laquelle la Grande-Bretagne avait manifesté son soutien à la Confédération rebelle, avait aiguillonné un sentiment expansionniste hostile à la présence britannique au Canada.

En réalité, l'acquisition de l'Alaska eut un effet directement contraire. Elle poussa les provinces occidentales du Canada à rejoindre la Fédération qui allait être établie par les provinces orientales la même année. En quatre ans, la Colombie-Britannique, la plus vulnérable des colonies, devint partie intégrante du Canada fédéral.

Pour la Russie, la motivation était encore moins profonde. Le gouvernement du tsar Alexandre II avait un besoin pressant de financement. L'une des raisons en était l'expédition navale d'envergure que l'amirauté russe avait mise sur pied pendant la guerre de Sécession pour envoyer une flotte à New York et à San Francisco en geste de bonne volonté et d'avertissement tacite aux Anglais, contre leur soutien à la Confédération.

D'après une version de l'Histoire, sur les 7,2 millions de dollars payés par les États-Unis pour acheter l'Alaska, 5,8 (80 %) servirent à rembourser aux Russes le coût de cette équipée. Si ces derniers n'avaient pas voulu faire la nique à l'Angleterre, ils auraient peut-être pu garder l'Alaska assez longtemps pour profiter de ses ressources naturelles. Un siècle plus tard, la Guerre Froide aurait pris une tout autre dimension.

* * *

Si le Groenland (« Terre verte ») est si mal nommé, c'est que ses attributs ont été volontairement présentés de manière mensongère pour attirer par traîtrise des colons mal informés.

Le premier explorateur à y avoir posé le pied, en 982, était le Norvégien Éric le Rouge. Il trouva l'endroit inhabité, comme on peut s'y attendre. Si quelques portions de côte étaient verdoyantes, au moins suffisamment pour nourrir une petite population, il choisit en revanche de dissimuler la désolation générale de ces terres. À son retour chez lui, il s'activa pour inciter des émigrants à partir coloniser cette île gigantesque. Sept cents personnes s'aventurèrent dans le premier voyage, trois ans plus tard. Sur les 25 navires qui prirent le départ, seuls 14 survécurent à une mer déchaînée. On ne s'étonnera donc pas que, une fois arrivés, peu de colons aient eu le cœur de faire demi-tour.

* * *

Pendant sept cents ans, l'Église catholique romaine a pris son essor en appuyant toute l'autorité des papes sur une grossière falsification. Il a fallu attendre le Moyen Âge pour que celle-ci soit éventée ; entre-temps, l'Église avait eu le temps de se consolider.

Pour renforcer sa position dominante à une époque où Rome était de plus en plus souvent défiée par d'autres royaumes émergents, la cour papale s'appuya sur la « Donation de Constantin ». Dans ce document, Constantin, premier empereur romain converti à la chrétienté, confiait la suprématie politique et religieuse au pape d'alors, Sylvestre. Cette donation conférait aux papes une autorité absolue sur toutes les questions de religion, et cela dans les quatre grands sièges épiscopaux de l'empire romain : Antioche, Jérusalem, Alexandrie et Constantinople. Elle accordait à Sylvestre et à ses successeurs « Rome et toutes les provinces, régions et cités d'Italie et de l'Ouest comme sujets de l'Église romaine, sans limitation dans le temps ».

Le supposé document précisait aussi que Constantin installait sa Cour dans la capitale orientale de l'Empire – la future Constantinople – afin de ne pas interférer avec le chef de la foi chrétienne.

Cette donation resta inconnue jusqu'au VIIIe siècle. En 754, le pape Étienne II s'en servit pour négocier avec Pépin, le roi franc, la division des terres entre les deux autorités rivales. Elle fut de nouveau brandie en 1054, lors d'une dispute entre Léon IX et le patriarche de Constantinople. Elle devint un document essentiel par la suite, chaque fois que des papes durent réagir aux contestations de leur autorité au cours des Xe et XIe siècles.

Et pourtant, le document était un faux. On pense aujourd'hui qu'il a été imaginé par la chancellerie papale pour donner rétrospectivement du poids à une Église de plus en plus affaiblie. Il faut attendre le XVe siècle, presque sept cents ans après son apparition, pour que des érudits commencent à contester ouvertement son authenticité. Il sera officiellement déclaré fictif en 1518.

On peut s'étonner qu'il ait fallu tant de temps pour révéler la supercherie : dans le document daté de 345, Constantin est censé céder au pape l'autorité spirituelle sur sa propre ville. Or, il ne fondera pas Constantinople avant 326, soit… onze ans *après* sa prétendue donation !

* * *

La naissance de la Réforme – le soulèvement religieux qui divisa la chrétienté entre cultes catholique et protestant – doit beaucoup à la constipation chronique de ses membres fondateurs.

Martin Luther, qui composa 95 thèses de protestation contre les abus de la papauté pour aller les clouer sur une porte d'église à Wittenburg en 1517, se plaignait régulièrement dans ses écrits de ses souffrances et du temps qu'il passait en contemplation solitaire sur le « trône ».

Les historiens connaissent bien les allusions hygiéniques insistantes qui jalonnent l'œuvre de Luther. Il dit avoir eu sa révélation « *in cloaca* », c'est-à-dire « dans l'égout » en latin, et avait fréquemment recours à un vocabulaire scatologique (« Je chie sur le Diable », « Je pète vers le Diable ») pour exprimer une frustration qui, clairement, n'était pas toujours de nature théologique.

De sa grande inspiration doctrinale, qui allait changer le cours de l'histoire mondiale, il écrivit : « C'est un savoir que le Saint-Esprit me donna sur la chaise dans la tour. » Il est fort possible que les thèses elles-mêmes y aient été rédigées, pendant les longues heures qu'il passait sur la chaise percée. On comprend mieux pourquoi il y en a autant !

En 2004, des archéologues fouillant une annexe désaffectée de la maison de Luther à Wittenburg ont mis au jour une alcôve en brique où se trouvaient manifestement les toilettes. Elles comportaient un confortable siège carré, de dix-huit pouces de côté, et une plomberie dernier cri pour l'époque.

* * *

Si la civilisation s'est développée, c'est parce que les hommes adorent la bière.

Cette théorie de l'anthropologue américain Solomon Katz date de 1987. Elle explique qu'il y a environ dix mille ans, en Mésopotamie, l'homme sumérien du néolithique a découvert par hasard que le blé et l'orge trempés dans l'eau – pour faire du gruau – et laissés à l'air libre ne pourrissaient pas. Ils formaient un breuvage mousseux qui affectait l'humeur du buveur tout en étant assez nourrissant (en termes d'apport énergétique, la bière arrive juste après les protéines animales).

La plus ancienne recette sumérienne connue est une tablette décrivant la fabrication de la bière. Ses effets psychotropes, d'après le chercheur, auraient fortement incité les hommes à planter et cultiver le grain.

« La découverte d'un procédé stable de fabrication de l'alcool fut une motivation énorme pour continuer à récolter des céréales », écrit l'anthropologue. En effet, il a fallu aux premiers hommes une très bonne raison pour abandonner leur existence de chasseurs, bien plus insouciante que la vie d'agriculteurs qui demande travail, discipline et régularité. Sans l'effet euphorisant de la bière, l'homme n'aurait peut-être jamais franchi le pas de la sédentarisation, point de départ de toute la civilisation qui s'ensuivit.

* * *

Si la révolution industrielle a démarré en Grande-Bretagne et non ailleurs, c'est grâce au *five o'clock tea*.

À la fin du XVIIIe siècle, bien d'autres pays sont au même niveau de technologie que la Grande-Bretagne. Mais c'est le goût des Anglais pour le thé qui aurait fait la différence, en rendant la population plus saine et vigoureuse. La forte augmentation d'activité induite par l'industrialisation exige que les individus se rassemblent dans les villes, et cela à une échelle inédite. Or, dans le passé, chaque fois que les populations se sont concentrées, elles ont succombé à des épidémies.

Curieusement, en Grande-Bretagne on observe une réduction continuelle de la mortalité infantile et des maladies urbaines les plus répandues – notamment la dysenterie, directement liée à la qualité de l'eau. Dans une étude publiée en l'an 2000, le professeur Alan Macfarlane a mis en évidence une association remarquable entre ces tendances et la consommation de thé. Il fait remarquer que le thé se prépare à l'eau bouillie, ce qui tue les bactéries porteuses de maladie ; en outre, les tanins du thé contiennent un antiseptique qui rend le lait maternel particulièrement bénéfique pour l'enfant.

Aucune nation ne buvait du thé à la même échelle que les Anglais. Selon Macfarlane, c'est ce qui explique pourquoi la révolution industrielle naquit là et non ailleurs.

* * *

L'une des pires catastrophes écologiques de tous les temps a été provoquée par un chasseur qui s'ennuyait.

Thomas Austin, colon à Victoria, en Australie, avait la nostalgie de la chasse au lapin. Il introduisit en 1895 vingt-quatre individus dans son domaine de Winchelseau, près de Melbourne. Le résultat fut un désastre.

En l'absence de prédateurs naturels, les rongeurs se reproduisirent à tel point que dix ans plus tard, on pouvait en tuer deux millions par an sans que cela ait d'impact sur leur population. Ce fut l'expansion la plus rapide jamais observée chez un mammifère.

En 1950, on estimait que six cents millions de lapins dévastaient les terres du pays. Ils furent réduits à cent millions grâce à un programme d'élimination consistant à répandre volontairement la myxomatose, mais les bêtes s'immunisèrent rapidement et aujourd'hui, on pense que leurs effectifs ont de nouveau dépassé les trois cents millions.

Les conséquences de leur prolifération sur l'écosystème australien sont effroyables. Un huitième des espèces de mammifères du continent ont disparu, principalement à cause des lapins. Le gouvernement australien estime actuellement le coût des dégâts qu'ils infligent aux récoltes à six cents millions de dollars par an.

* * *

Une autre initiative modeste a eu des conséquences écologiques tout aussi surprenantes et coûteuses : l'introduction en Amérique du Nord de l'étourneau sansonnet. Cette espèce, qui n'est pas originaire du continent, est considérée comme nuisible aux États-Unis. Le volatile est arrivé par le biais d'un original du XIXe siècle, fou de Shakespeare, qui s'était donné pour mission d'introduire en Amérique tous les oiseaux mentionnés dans les pièces du Barde.

Eugene Scheifflin, riche propriétaire d'un laboratoire pharmaceutique, lâcha précisément cent étourneaux dans Central Park au début des années 1890. En l'espace de cinquante ans, ils s'étaient répandus sur tout le territoire des États-Unis. On pense qu'il y en a aujourd'hui au moins deux cents millions. Capables de manger une ou deux fois leur poids chaque jour, ils sont les ennemis jurés des producteurs de céréales. Les ornithologues leur reprochent de mettre en danger certaines espèces locales, comme le merle bleu et le pic. À l'échelle du pays, les gardes forestiers en tuent un million par an, mais la bataille est perdue d'avance : les étourneaux provoquent presque un milliard de dollars de dégâts dans l'agriculture chaque année.

C'est d'autant plus ironique que dans tout l'œuvre de Shakespeare, l'étourneau n'est mentionné qu'une toute petite fois (dans *Henri IV*).

* * *

La tour Eiffel devrait être démolie depuis longtemps.

Elle fut construite à l'origine pour l'Exposition universelle de 1889, qui marquait le centenaire de la Révolution française. Les autorités municipales accordèrent aux constructeurs une licence de vingt ans, après quoi l'édifice devait être démoli. (Le règlement du concours stipulait que la tour devait être facile à démanteler.)

En 1909, la ville était toujours décidée à la démonter. C'est la présence d'une antenne radio au sommet qui sauva le monument. L'administration du télégraphe et l'armée persuadèrent la Ville de l'utilité de la tour comme relais de transmissions. C'est pour cette raison qu'elle fut conservée.

* * *

Si un certain lobbyiste français n'avait pas utilisé avec brio un certain timbre postal, le canal de Panama s'appellerait le canal du Nicaragua.

Après le franc succès du canal de Suez, la France avait, dès 1878, acquis le droit de creuser un canal à travers le Panama. Mais elle échouait depuis des années à réunir le financement nécessaire. En 1902, l'ingénieur Philippe Jean Bunau-Varilla, le plus fervent défenseur du projet, se rendit aux États-Unis pour tenter de s'assurer le soutien des autorités. Il découvrit qu'un projet de loi déposé au Sénat proposait le creusement d'un canal plus au nord, à travers le Nicaragua, en profitant de son immense lac qui pourrait être exploité sur presque la moitié des 225 kilomètres prévus.

Cette perspective menaçait gravement les intérêts français. Bunau-Varilla essaya de contrer le projet en attirant l'attention sur la chaîne de volcans présente au Nicaragua, et en arguant qu'elle menaçait directement la sécurité du canal. Le Département d'État américain protesta que ces volcans n'étaient jamais entrés en éruption. La majorité du Sénat entérina l'objection. L'option nicaraguayenne semblait inévitable.

C'est alors que Bunau-Varilla réussit son coup de maître. Il apprit qu'au Nicaragua, un timbre de cinq *pesos* représentait fièrement l'un des petits volcans du pays en pleine éruption. Il envoya à chacun des sénateurs une lettre affranchie avec ce timbre en leur demandant si, à leur avis, les contribuables américains étaient prêts à jouer leur investissement sur des volcans. Les lettres arrivèrent sur le bureau des sénateurs trois jours avant le vote crucial. Lorsqu'il eut lieu, le Sénat statua en faveur du Panama par quarante-deux voix contre trente-quatre. Échec et mat.

* * *

Le quartier général des Nations unies devait se dresser à Philadelphie, et non à New York.

Ce serait le cas si le magnat des affaires et philanthrope John D. Rockefeller Jr. n'avait pas déboursé 8,5 millions de dollars (près de 250 millions en dollars d'aujourd'hui) pour acquérir les terres qui accueillent actuellement le siège de l'organisation internationale, le long l'East River. Mais ses motivations n'étaient pas entièrement altruistes. S'il finança l'ONU avec une telle générosité, c'est qu'un projet concurrent menaçait directement son empire financier.

Philadelphie était si sûre d'emporter la victoire – une gigantesque zone de terres en friche, non loin de l'Université de Pennsylvanie, avait été choisie – que la mairie avait prévu les premières réunions de chantier une semaine avant la date arrêtée pour le choix définitif des Nations unies, en décembre 1946. Les deux autres villes pressenties, San Francisco et Boston, avaient déjà jeté l'éponge.

Rockefeller savait qu'un entrepreneur immobilier, William Zeckendorf, avait de grands projets pour la zone de l'East River. « X City » devait être un vaste ensemble moderne, une « ville dans la ville » : quatre immeubles de bureaux de quarante étages à un bout, trois immeubles résidentiels de trente étages pouvant accueillir 7 500 familles à l'autre, et au milieu, deux longs bâtiments de cinquante-sept étages abritant un hôtel, un palais des congrès, un opéra et des salles de concert. Il devait aussi y avoir un héliport et une marina au bord du fleuve.

C'était une tentative flagrante pour rivaliser avec le Rockefeller Center, de l'autre côté de la ville, voire le surpasser. Or, Rockefeller savait que son propre immeuble n'était occupé qu'à 60 %. X City représentait une menace sérieuse pour son avenir. Le nabab agit donc comme savent faire les nababs : il fit à Zeckendorf une offre de rachat impossible à refuser, puis légua le terrain aux Nations unies. L'annonce en fut faite le jour où celles-ci devaient choisir leur site. L'organisation poussa un gros soupir de soulagement. Ce que nul ne sait, c'est s'il fut aussi énorme que celui de Rockefeller.

Le milliardaire alla jusqu'à réutiliser les plans de Zeckendorf pour présenter un projet aux Nations unies : il récrivit « Assemblée générale » sur l'opéra initialement prévu, et « Sécurité », « Économique et social » et « Administrateurs » sur les autres bâtiments.

* * *

Le fameux explorateur Scott est mort à cause d'une erreur stupide.

Une lettre retrouvée en l'an 2000, écrite par le second de la fatale expédition en Antarctique du capitaine Scott en 1912, apporte un éclairage nouveau et captivant à la fin désastreuse de l'explorateur.

Le lieutenant Edward Evans se trouvait à la tête d'une équipe qui fit une boucle vers le Pôle avant de revenir sur ses pas. Dans sa lettre, il déplore que Scott ait insisté pour traîner 150 livres de prélèvements et de notations géologiques alors même que l'expédition était à court de provisions et en grave danger de mort. « Pour notre part, nous avons abandonné ce matériel à la première étape. Je dois dire que je plaçais la sécurité de mes hommes plus haut que la valeur des observations... Apparemment, ce n'était pas le cas de Scott... Il aurait dû les laisser, avancer, et retourner chercher les spécimens et les registres [plus tard]. »

Pendant le retour de Scott, un homme perdit la vie et le capitaine Oates sortit dans le blizzard pour y mourir. Scott et les deux derniers hommes périrent sous leur tente. Après une marche de près de 1 300 kilomètres, tirant leurs lourds traîneaux de prélèvements, ils n'étaient plus qu'à 17 km de la sécurité et d'une vaste réserve de nourriture.

* * *

Il n'était pas prévu qu'Edmund Hillary et le sherpa Tenzing Norgay soient les premiers conquérants de l'Everest en 1953.

En réalité, ils composaient l'équipe de secours. Avant leur ascension victorieuse, le colonel John Hunt, chef d'expédition, envoya sa première équipe composée de Tom Bourdillon et de Charles Evans, l'adjoint de Hunt.

Bourdillon était tout indiqué, car il était le principal concepteur de l'équipement respiratoire qui leur avait permis de survivre jusque-là. Mais la malchance devait lui porter un coup bien ironique. À moins de cent mètres du sommet, son partenaire, Evans, rencontra justement un problème avec cet équipement. Tous deux comprirent qu'ils n'atteindraient pas le sommet et redescendirent.

Trois jours plus tard, le 29 mai, c'est l'équipe numéro deux qui se tenait debout au sommet et allait marquer l'histoire de l'alpinisme. Quant à Bourdillon et Evans, qui se souvient d'eux ?

À cause d'une préparation hâtive, il n'existe pas de photographie d'Hillary en haut de l'Everest. Sur l'unique photo de l'évènement, on ne voit que Tenzing. Interrogé sur cette omission historique, Hillary a répondu : « À ma connaissance, Tenzing n'avait jamais pris une photo, et le sommet de l'Everest n'était pas le meilleur endroit pour lui expliquer comment faire. »

* * *

Si un certain homme d'affaires suisse avait été mieux reçu par les fonctionnaires du Second Empire, le monde n'aurait peut-être jamais bénéficié de la Croix-Rouge.

L'idée de cette organisation naquit à la suite de la bataille de Solférino. En juin 1859, Napoléon III mène une guerre contre l'Autriche pour gagner le contrôle sur les États mineurs d'Italie du nord. Il se trouve que Jean Henri Dunant se rend lui aussi à Solférino juste à ce moment-là, non pas pour faire la guerre mais pour solliciter de l'Empereur son soutien personnel dans l'obtention de concessions pour sa compagnie. Il a en effet passé des mois à tenter d'arranger ses affaires avec des fonctionnaires parisiens, mais en vain.

Dunant, arrivé juste après la bataille, est témoin des horribles conséquences de la guerre « moderne ». Quelque trente mille soldats sont morts ou blessés, sans aucune infrastructure médicale pour les soulager.

Épouvanté et consterné, l'homme d'affaires improvise des hôpitaux de fortune avec les villageois et achète des médicaments sur ses propres deniers. Il met un point d'honneur à conserver une attitude neutre en aidant les deux camps sans distinction. Cette neutralité deviendra la marque de fabrique de l'organisation qu'il fondera à son retour chez lui, à Genève.

Les horreurs l'ont tant marqué qu'il couche par écrit cette expérience, la publie en 1863 à compte d'auteur et se lance dans une campagne internationale. Il organise la première réunion du Comité international de la Croix-Rouge en février 1863 à Genève, ville qui va devenir la tête de pont de l'effort mondial pour réduire les souffrances de guerre. L'année suivante, la Croix-Rouge rédige la première Convention de Genève sur le traitement des blessés de guerre. C'est Dunant qui choisit le nom et le symbole de l'organisation, en inversant simplement les couleurs de son drapeau national.

Il consacrera le reste de sa vie à la cause. En 1901, neuf ans avant sa mort, il sera couronné par le prix Nobel de la paix.

* * *

Adolf Schicklgruber, ce nom vous dit-il quelque chose ?

Son père s'appelait, à la naissance, Alois Schicklgruber. Alois était l'enfant illégitime de Maria Schicklgruber, une paysanne du village de Strones, dans le Waldviertal, une région reculée de l'Autriche septentrionale. Alois porta le nom de sa mère pendant les cinq premières années de sa vie et vécut seul avec elle jusqu'au jour où, pour des raisons inconnues à ce jour, un certain Johann Georg Heidler épousa Maria.

Personne ne sait qui était le véritable père d'Alois. Le fait que ce dernier ait gardé le nom de Schicklgruber pendant les trente-cinq années qui suivirent suggère fortement que ce n'est pas Johann. Alois se nommait encore Schicklgruber à la mort de Johann Heidler, quinze ans après que celui-ci fut devenu son beau-père.

Il aurait pu continuer à s'appeler Schicklgruber toute sa vie si son intérêt ne s'était pas allié à celui d'un oncle par alliance.

À quarante ans, Alois se construisait une respectable carrière de fonctionnaire. Il eut envie d'effacer ses origines illégitimes. Le frère de Johann avait, lui aussi, un problème : comme il avait trois filles et aucun fils, le nom de Heidler était en passe de s'éteindre. Il promit par écrit à Alois une compensation financière s'il acceptait d'endosser officiellement son nom.

Ce que fit Alois. En modifiant l'orthographe, il devint Alois Hitler. Et eut un fils qu'il prénomma Adolf.

Quelles sont les conséquences historiques de ce petit changement ? Peut-on imaginer un type affublé du nom de Adolf Schicklgruber se taillant une carrière politique telle que celle d'Adolf Hitler ? *Heil Schicklgruber !* paraît nettement moins martial que *Heil Hitler !*

SPLENDEUR ET MISÈRE DE LA POLITIQUE

Personne ne croyait au succès du *Capital* de Karl Marx.

L'ouvrage qui pose les principes du communisme était écrit de manière si alambiquée que la censure officielle en autorisa la traduction en russe pour la bonne raison que c'était une œuvre « difficile et à peine compréhensible [que] qui sera lue par peu de gens et comprise par encore moins. Il est improbable qu'elle trouve beaucoup de lecteurs dans le grand public. »

Un autre effet inattendu de la censure : le film tiré du poignant roman de John Steinbeck *Les Raisins de la colère*, qui décrit la Grande Dépression américaine, fut autorisé par les censeurs soviétiques car il peignait un portrait défavorable de la vie des travailleurs en terre capitaliste américaine. Il fut interdit par la suite, quand les autorités découvrirent que le public était très impressionné par un détail époustouflant : la famille de pauvres fermiers errants représentant les dépossédés d'Amérique avait une voiture à elle.

* * *

S'il ne s'était pas lié d'amitié avec Friedrich Engels, un riche fils de bourgeois propriétaires d'une fabrique de coton qui lui envoyait continuellement de l'argent, Karl Marx n'aurait jamais pu entretenir sa famille et aurait sans doute connu un destin de crève-la-faim.

Les deux principaux meneurs de la révolution bolchévik de 1917 en Russie, Lénine et Trotski, sont tous deux entrés dans le pays grâce à une aide étrangère, volontairement pour l'un et accidentellement pour l'autre. Sans ces actes fortuits, aucun des deux n'aurait influé comme il l'a fait sur l'instauration du communisme.

En février 1917, en pleine Première Guerre mondiale, la faction minoritaire des menchéviks avait renversé le tsar, lançant la première des deux révolutions de l'année. Lénine, chef des bolchéviks, plus importants en nombre, était en exil en Suisse. Les Allemands calculèrent que sa présence à Saint-Pétersbourg pourrait aggraver la confusion générale et affaiblir l'ennemi russe. Ils firent ramener Lénine en train, dans un wagon plombé. Comme l'a dit Churchill, il fut « introduit en Russie tel le virus de la peste ». Lénine prit la tête de l'opposition au régime menchévik et lança la révolution d'octobre qui ouvrira la voie à soixante-quinze ans de régime soviétique.

Quant à son bras droit, Léon Trotski, des archives ouvertes seulement en 2001 ont révélé qu'il était surveillé par les services secrets britanniques dès la révolution de février. Parti en exil à New York, il s'efforçait de rentrer au pays pour s'attaquer au nouveau gouvernement. Le MI5 le suivit à la trace lorsqu'il quitta l'Amérique sur un bateau pour Saint-Pétersbourg. En mars, il fut arrêté à Halifax, en Nouvelle-Écosse.

Il y serait resté, isolé de la lutte communiste, sans l'intervention de l'agence jumelle du MI5, le MI6, service de renseignements extérieurs du Royaume-Uni. Cette agence, persuadée que les informations du MI5 sur Trotski étaient les inventions d'un agent double, convainquit les autorités canadiennes de le libérer. Un mois après son arrestation, Trotski était à bord d'un navire pour la Russie, et reprenait son rôle de leader dans la guerre civile qui allait assurer la victoire bolchévique.

* * *

Lénine a survécu par miracle à une tentative d'assassinat moins d'un an après le début de la révolution russe.

Le pays était alors en proie à la guerre civile, dont le dénouement était plus qu'incertain. Sa mort aurait peut-être entièrement modifié le destin de la Russie.

Le 30 août 1918, il sortait d'une usine de Moscou où il avait prononcé un discours lorsqu'une femme, Fanny Kaplan, apparemment mécontente de la pénurie de nourriture, tira trois balles qui l'atteignirent au cou, à l'épaule et à la poitrine. Étonnamment, il s'en tira.

S'il était mort, en pleine guerre, c'est sans doute Trotski, alors à la tête de la puissante armée rouge, qui lui aurait succédé. Cela aurait peut-être empêché le désastre qui suivit sous Staline. Mais Lénine vécut encore cinq ans. Au moment de sa mort en janvier 1924, une période de paix avait affaibli l'importance de Trotski et avait permis à Staline de conforter ses appuis. C'est ce dernier qui sut le mieux manœuvrer pour prendre le pouvoir.

On n'a su que bien plus tard à quel point Lénine était passé près de la mort. Après l'attentat, il fallut attendre quatre ans qu'il soit assez fort pour subir une opération chirurgicale. En extrayant les balles, ses médecins découvrirent que l'une d'entre elles était une balle dum-dum, conçue pour exploser au moment de l'impact. Elle ne l'avait pas fait. Encore plus étrange, on constata que la balle était enduite de curare, un poison mortel. La survie de Lénine demeure donc un mystère stupéfiant.

* * *

À la mort du premier président d'Israël Chaïm Weizmann en 1952, les dirigeants israéliens ont approché Albert Einstein pour lui demander d'être leur deuxième président. Il déclina la proposition en leur donnant une bonne raison : il n'était « pas doué pour les problèmes humains ».

* * *

Un Américain en orbite aurait pu avoir la peau de Castro.

Après le fiasco de l'attaque directe contre le régime de Castro dans la baie des Cochons, au printemps 1961, le Pentagone et la CIA adoptent une approche entièrement différente pour tenter de le renverser. En février 1962, l'astronaute John Glenn tente le premier vol en orbite américain. Il est décidé que s'il ne rentre pas sain et sauf de sa mission, la catastrophe sera mise sur le dos d'interférences radio provoquées par Castro. Un plan du Pentagone, dévoilé en 1997, montre en détail comment « diverses preuves pourraient être fabriquées pour apporter la preuve d'interférences électroniques dues aux Cubains ».

Il est assez fascinant de se demander quel impact aurait eu un tel désastre sur l'opinion internationale. Les Russes, qui fonçaient eux-mêmes tête baissée dans la course aux étoiles, auraient-ils douté de leur protégé et redouté l'éventualité d'un chantage ? On sait maintenant, grâce à la publication des archives soviétiques en 2005, qu'ils avaient des doutes, au début, sur l'engagement marxiste de Castro, et que Nikita Khrouchtchev avait accusé le leader cubain d'un « aventurisme » dangereux.

Quoi qu'il en soit, Glenn fit trois tours autour de la Terre avant de regagner sain et sauf le plancher des vaches.

* * *

À seize ans, Adolf Hitler ne rêvait que d'une chose : devenir peintre ou architecte. À deux reprises, il a voulu s'inscrire à l'académie des Beaux-Arts de Vienne, mais les examinateurs ont rejeté sa candidature en raison de la piètre qualité des dessins qu'il leur avait soumis. La direction de l'académie lui reconnaissait un talent pour l'architecture, mais l'école d'architectes exigeait un diplôme d'enseignement secondaire qu'il ne possédait pas.

Ce rejet devait sceller le destin de plusieurs générations.

Adolf Hitler aurait pu être psychanalysé par Sigmund Freud.

À six ans, le petit Adolf était très agité et faisait fréquemment des cauchemars. Le médecin de famille, inquiet, recommanda à sa mère de l'envoyer se faire traiter dans un institut psychiatrique à Vienne… probablement celui que dirigeait Sigmund Freud. Mais la maman déclina ce conseil. On pense que l'enfant était maltraité par son père, et qu'elle craignait que cela ne s'ébruite.

Qui sait l'effet qu'une bonne analyse aurait eu sur la personnalité du jeune Adolf ?

* * *

Quand Hitler est devenu chancelier d'Allemagne en janvier 1933, il était le quatrième en neuf mois à endosser cette fonction. Sa nomination résultait d'un accord complexe de partage du pouvoir qui devait mettre fin à une période de chaos politique : les gouvernements tombaient en quelques mois, et trois élections générales avaient dû être organisées en l'espace de deux ans.

Le parti national-socialiste n'avait que deux sièges sur onze, tous deux à des postes mineurs : l'Intérieur et un ministre sans portefeuille. La nomination d'Hitler était un compromis. Lors de la précédente élection, les nazis avait vu leur influence diminuer pour la première fois depuis 1928, et les leaders modérés avaient appuyé sa nomination en pensant qu'ils pourraient facilement le contrôler.

Franz Von Papen, ancien chancelier devenu vice-chancelier, se félicita que le brandon nazi soit neutralisé : « Il est coincé », déclara-t-il. Il ne lui faudrait que quelques mois pour comprendre son erreur.

* * *

Les États-Unis auraient pu être une monarchie si un prince allemand s'était décidé plus rapidement.

En 1789, pendant l'élaboration de la Constitution, un groupe de membres éminents du congrès continental – Alexander Hamilton, Nathaniel Gortham, le président du Congrès et James Monroe, futur président –, écrivirent au prince Henri de Prusse, frère cadet du roi Frédéric le Grand, pour l'inviter à devenir roi des États-Unis.

S'il avait accepté sans hésiter, il aurait pu être gênant de le refuser par la suite, lorsque la question fut réexaminée en profondeur. Mais le prince tergiversa et finit par envoyer une réponse qui ne l'engageait à rien. L'année suivante, l'idée d'une monarchie pour les États-Unis n'avait plus une chance face à une assemblée résolument antimonarchiste.

Ils n'avaient peut-être pas conscience de leur chance. Les Américains ignoraient que le prince Henri était, de notoriété publique, un des plus grands débauchés d'Europe.

* * *

La stérilité de George Washington est peut-être à l'origine de la démocratie en Amérique.

Après avoir mené l'armée révolutionnaire pendant la guerre d'indépendance, Washington était tout indiqué pour devenir roi de la nouvelle nation. On craignait en haut lieu qu'un nouveau gouvernement républicain fondé sur des principes démocratiques ne soit fragile, tandis qu'une monarchie menée sous sa tutelle bienveillante mais ferme aurait assuré la stabilité politique. Le nom de George Ier avait même été proposé.

Washington ne voulut pas entendre parler de devenir monarque, et son refus ouvrit la route à la constitution républicaine américaine. Mais pourquoi avoir décliné une telle offre ? Une étude récente a établi qu'une attaque de tuberculose subie à l'âge de dix-neuf ans l'avait laissé stérile. Les chercheurs modernes soulèvent une question intéressante : ils se demandent si Washington n'aurait pas choisi cette option uniquement parce qu'il savait qu'il ne pourrait jamais transmettre son titre à un héritier.

* * *

Le magnat de l'automobile Henry Ford aurait pu devenir président des États-Unis en 1924 sans la mort inattendue, et peut-être suspecte, de son opposant.

Le président sortant Warren Harding, jugé pire président de la nation par les historiens américains, dirigeait une administration notoirement corrompue et grevée par une série de scandales politico-financiers.

Alors que la polémique enflait et que l'élection de 1924 approchait à l'horizon, Ford envisagea de se présenter à l'élection. Il était au sommet de la popularité en tant que créateur de la Ford T, qui avait apporté aux masses américaines une mobilité abordable. Un sondage mené pendant l'été 1923 lui promettait une solide avance sur Harding.

Mais au mois d'août, Harding mourut brutalement. (L'idée a été avancée qu'il avait été empoisonné par son épouse en raison d'un adultère. Elle refusa qu'une autopsie soit pratiquée.) Il fut remplacé par son vice-président Calvin Coolidge, un personnage timide, réservé et éminemment prudent. Pendant l'année qui restait avant l'élection, le calme de Coolidge rendit à la présidence sa respectabilité. La nation était prospère et paisible, l'économie stable. En 1924, Coolidge adopta le slogan de campagne « Keep cool with Coolidge » (« Restez tranquilles grâce à Coolidge. ») Cela lui valut une victoire écrasante.

Ford avait senti le vent tourner dès la fin de l'année 1923, en voyant Coolidge maîtriser avec brio l'art politique. Il se retira discrètement de la course à l'élection.

* * *

En 1940, un jeune avocat de vingt-sept ans qui avait du mal à gagner sa vie s'associa avec un groupe d'hommes d'affaires de sa ville natale de Whittier (Californie) pour fabriquer et vendre du jus d'orange surgelé. Il fut nommé président de la compagnie Citra-Frost, mais l'entreprise mit la clé sous la porte au bout de dix-huit mois – ce dont on peut s'étonner, car la Californie était alors prospère, produisait des quantités énormes d'agrumes, et qu'un produit de base comme le jus d'orange semblait facile à écouler en grosses quantités.

Si l'affaire avait prospéré, cet homme serait resté un simple entrepreneur local florissant. Mais au lieu de cela, il se tourna vers la politique et se mit à briguer la présidence. Il s'appelait Richard Nixon.

* * *

La carrière politique de Ronald Reagan, grand pourfendeur de l'« Empire du Mal », aurait pu être tuée dans l'œuf avant même de commencer s'il avait réussi à rallier le parti communiste américain. Sa demande fut rejetée parce que les communistes le trouvaient… limité intellectuellement.

En lisant sa biographie autorisée parue en 1999, on découvre qu'il avait voulu adhérer au parti en 1938, à l'âge de vingt-sept ans. Il commençait alors sa carrière d'acteur à Hollywood. Certains de ses proches étaient membres. L'un d'entre eux, le scénariste Howard Fast, révèle qu'il se « passionnait » pour la question. « Il se disait que si c'était bien pour eux, c'était bien pour lui. »

Mais le parti ne voulut pas de lui. « Ils le considéraient comme une tête de linotte… un écervelé qui changeait d'opinion politique toutes les vingt minutes. » Au moment des purges anticommunistes et des listes noires des années 1940 et 1950 à Hollywood, Reagan s'épanouit à l'écran, puis comme président de la Screen Actors Guild, le syndicat des acteurs. Et surtout, ses allégeances politiques restèrent foncièrement américaines.

Si seulement les communistes avaient eu une plus haute idée de lui, il n'aurait peut-être jamais pu grimper les échelons jusqu'à devenir leur ennemi juré un demi-siècle plus tard.

ALÉAS ET IMPRÉVUS : ACCIDENTS, MALADIES, ASSASSINATS

Charles de Gaulle a souvent été pris pour cible dans des tentatives d'assassinat. L'OAS, notamment, s'est attaquée à lui des dizaines de fois en raison de sa politique favorable à l'indépendance de l'Algérie.

D'après une source, on compterait au moins trente et un attentats contre sa vie. La plupart à l'arme à feu ; comme De Gaulle voyageait toujours en voiture blindée, ils étaient moins dangereux qu'il n'y paraissait. Un autre attentat célèbre est celui du Petit-Clamart, en août 1962, dont la limousine présidentielle se sortit avec quatorze trous de balles et deux pneus crevés.

Il passa plus près de la mort encore lorsque les terroristes passèrent aux explosifs. Et à une occasion au moins, c'est un pur coup de chance qui lui a sauvé la vie.

En juillet 1966, en route pour l'aéroport d'Orly, sa voiture passe devant un véhicule garé sur le boulevard Montparnasse, bourré d'explosifs. Pourtant, il ne saute pas. C'est qu'il n'y a personne pour appuyer sur le détonateur : les cerveaux de l'attaque, des étudiants appartenant à un groupuscule d'extrême droite, ont commis entre-temps un cambriolage afin de réunir des fonds pour s'enfuir à l'étranger. Ils ont été arrêtés. C'est le dernier attentat connu contre la vie du général de Gaulle.

* * *

Un instant de distraction de Winston Churchill, une décennie avant qu'il soit nommé Premier ministre, a failli priver la Grande-Bretagne de son grand chef de guerre.

En décembre 1931, lors d'une tournée de conférences à New York, Churchill manque de se faire tuer par une voiture en descendant du trottoir pour traverser la Cinquième Avenue. Oubliant que les Américains, contrairement aux Anglais, roulent à droite, il a regardé du mauvais côté et n'a pas vu la voiture qui vient le heurter à près de 60 km/h. Blessé à la tête et à la cuisse, il reste cloué au lit pendant presque trois semaines. Mais il se remettra complètement, une chance pour l'histoire.

L'incident n'aura pas eu que des inconvénients. L'article que rédige Churchill dans le *Daily Mail* pour relater son accident, au mois de janvier suivant, lui rapportera 600 livres (presque 40 000 euros actuels).

* * *

Alors qu'il combattait comme chef de bataillon sur le front occidental en 1915, Churchill, encore lui, est passé à un quart d'heure d'une mort certaine.

Le 26 novembre, il reçoit l'ordre d'aller au devant d'un véhicule envoyé par son commandant, le général Haking. Cela suppose de parcourir à pied et dans la boue cinq kilomètres à travers champs. Il part à l'heure, juste avant qu'un barrage d'artillerie ne prenne pour cible son secteur. Lorsqu'il arrive au point prévu, il apprend que cette fusillade empêche la voiture d'arriver. Un officier lui dit que la rencontre se fera plus tard et « ne concerne que des questions d'ordre général qui pourront tout aussi bien être réglées un autre jour ».

De fort mauvaise humeur, Churchill fait le chemin du retour en grommelant. En arrivant à son quartier général, il découvre qu'un quart d'heure après son départ, un obus a éclaté à quelques centimètres de là où il se tenait, détruisant l'abri et tuant l'ordonnance qui se trouvait à l'intérieur. Il devait écrire par la suite : « En voyant les dégâts, je n'en ai plus voulu au général. »

Son valet militaire avait aussi de bonnes raisons de se réjouir : Churchill l'avait obligé à l'accompagner pour porter son manteau.

Churchill réfléchissait souvent à cet épisode et aux effets du hasard. « On passe à droite ou à gauche d'un arbre, et cela peut faire toute la différence entre accéder aux plus hautes fonctions de l'armée ou être renvoyé chez soi, infirme ou paralysé à vie. »

* * *

Un ancien combattant de la Bataille d'Angleterre a révélé en l'an 2000 comment il avait évité à Churchill d'être tué par sa femme.

1939 : pendant la visite d'une base de la Royal Air Force, Clementine Churchill se trouve dans le cockpit d'un avion de chasse Gloster Gladiator entièrement armé. Winston se penche sur l'un des canons lorsque, d'après James Sanders qui menait la visite pour Clementine, cette dernière pose le doigt par hasard sur le bouton de mise à feu. « J'ai éloigné sa main d'un geste brusque pour l'arrêter », se souvient-il.

Un an plus tard, Churchill était Premier ministre.

* * *

L'assassinat de John Fitzgerald Kennedy à Dallas, en novembre 1963, a donné lieu à toutes sortes de théories du complot. L'un des principaux facteurs ayant empêché d'en savoir davantage est la rareté des témoignages photographiques. En dehors d'une séquence filmée par un badaud, il n'y a presque rien.

L'une des raisons à cela, curieuse et à ce jour inexpliquée, est que le véhicule réservé à la presse, qui d'habitude roulait toujours juste devant la voiture présidentielle afin que les photographes bénéficient du meilleur angle de vue, était cette fois consigné tout à l'arrière du cortège de quatorze voitures.

Depuis ce poste, aucun des reporters qui couvraient l'évènement n'a pu fournir la moindre preuve visuelle, alors que celles-ci auraient pu être cruciales pour l'enquête. Malchance ou malveillance ?

* * *

Lors de la deuxième prise de fonctions d'Abraham Lincoln en 1865, un jeune homme força le barrage de la police et faillit atteindre le président. Les forces de l'ordre étaient sur le qui-vive, car une tentative similaire avait été déjà faite pour perturber la première cérémonie, quatre ans plus tôt. On le laissa partir après l'avoir jugé inoffensif. L'homme était John Wilkes Booth, celui qui devait assassiner Lincoln six semaines plus tard.

Lincoln a failli ne pas se rendre au théâtre à Washington le soir de son assassinat en avril 1865.

Ce jour-là, bien que ce soit le Vendredi saint, il a travaillé toute la journée depuis huit heures, assisté à un conseil des ministres de onze à quatorze heures, enchaîné les réunions (on n'est que cinq jours après la capitulation des Confédérés et la fin de la guerre de Sécession) et s'est rendu au ministère le la Guerre dans l'après-midi.

Lincoln tente d'échapper à cette sortie au théâtre Ford's, au cœur de la ville. Il est fatigué et a déjà vu la pièce. Il avait prévu au départ d'y aller parce que son épouse avait invité le général Grant – héros de la guerre – et son épouse, mais ce n'est plus un problème : Grant s'est excusé dans la journée de ne pas pouvoir venir, car il doit prendre le train pour aller rendre visite à ses enfants dans le New Jersey.

Mais Mme Lincoln, elle, est bien décidée à sortir, et le président voit bien qu'il ne peut pas se rétracter. « Tout le monde sait que nous y serons, confie-t-il à un garde du corps. Je ne peux pas décevoir le peuple. »

La décision de Grant lui a sauvé la vie. Le complot contre Lincoln l'incluait aussi comme cible. Lui-même devint président quatre ans plus tard. C'est donc deux présidents, et non un, que Amérique a donc failli perdre ce soir-là.

* * *

Lincoln n'aurait pas été le premier président américain assassiné sans l'incroyable et inexplicable coup de chance d'Andrew Jackson, trente ans plus tôt. En janvier 1835, ce dernier, en fonction depuis presque six ans, est à deux reprises la cible d'un tireur alors qu'il sort du Capitole. Richard Lawrence, un peintre en bâtiment mentalement instable, s'approche à moins de cinq mètres du président et tire. Le percuteur explose, mais ne met pas le feu aux poudres. Alors que Jackson se précipite en avant pour plaquer le tireur, Lawrence tire un second coup, à bout portant cette fois. Là encore, le coup fait long feu.

En examinant ses pistolets par la suite, les experts ont constaté que les deux étaient en parfait état de marche. Ils ont estimé que les chances pour que les deux s'enrayent successivement étaient de une sur 250 000. Lawrence sera acquitté pour cause de folie et enfermé à l'asile jusqu'à sa mort, un quart de siècle plus tard.

Jackson n'en était pas à son premier coup de chance. Il avait une balle de mousquet près du cœur depuis un duel livré à vingt-trois ans, avant d'être élu président. La balle était si proche du cœur que les médecins refusaient de l'opérer. Son adversaire dans le duel, Charles Dickinson, connu pour être l'un des meilleurs tireurs d'Amérique, avait visé directement au cœur. Mais il avait été trompé par la maigreur inhabituelle de Jackson, qui flottait dans son manteau. Il rata son coup à un centimètre près. En revanche, le tir de Jackson lui fut fatal.

* * *

Ce sont deux décisions minuscules mais lourdes de conséquences qui eurent raison de William Henry Harrison. Celui-ci se distingue pour être le président au mandat le plus bref de l'histoire des États-Unis : exactement trente et un jours.

Héros militaire des guerres indiennes, né dans une cabane en rondins et élu en 1840 au terme d'une campagne fondée sur sa force de caractère, Harrison est l'homme le plus vieux avant Ronald Reagan à avoir été élu à la fonction présidentielle, à soixante-huit ans. Ce jour-là, en mars 1841, il prononce ce qui demeure à ce jour le plus long des discours inauguraux (une heure quarante), par une journée glaciale et, pour souligner son endurance, en refusant de porter manteau, chapeau et gants. Il attrape alors un rhume qui se transformera en pneumonie. Un mois jour pour jour après sa prise de fonctions, Harrison n'est plus.

* * *

Le deuxième président américain qui ait été assassiné, James Garfield, est mort à cause d'un détecteur de métaux et d'un matelas à ressorts.

Le 2 juillet 1881, quatre mois à peine après avoir pris ses fonctions, Garfield est mortellement touché par un tireur fou à la gare principale de Washington. Une balle va se loger quelque part dans son corps mais, en dépit de nombreux sondages dans la plaie, les médecins sont incapables de la retrouver. Ils redoutent d'opérer, craignant de léser des organes vitaux. Malgré une douleur intense, Garfield retrouve un état stable au bout de quelques jours (de fait, il ne mourra pas avant le 19 septembre, onze semaines et plusieurs interventions ratées plus tard).

L'inventeur du téléphone, Alexander Graham Bell, intrigué par l'histoire de la balle « introuvable », apporte à la Maison Blanche un prototype de détecteur de son invention. Celui-ci utilise les courants électriques pour localiser les métaux. Bell a déjà testé sa machine avec succès sur plusieurs anciens combattants de la guerre de Sécession qui avaient des balles dans le corps. Les médecins du président le laissent donc avec enthousiasme faire une tentative sur Garfield. Contre toute attente, celle-ci échoue. Ce que tout le monde ignore, c'est que le président est couché sur un tout nouveau matelas à ressorts, qui perturbe le signal.

* * *

Franklin D. Roosevelt, qui a battu un record en étant élu quatre fois de suite et en restant président pendant plus de douze ans, a bien failli ne pas l'être du tout.

Deux semaines avant sa première prise de fonctions en mars 1933, en vacances à Miami, il échappe de justesse à la mort dans une fusillade. L'assassin a tiré cinq coups, dont chacun a touché un proche du président. Le maire de Chicago, debout juste à côté de lui, en meurt.

Le tireur, un maçon italien du nom de Guiseppe Zangara, a pourtant trouvé le moyen de rater entièrement le président.

* * *

Léon Trotski, qui avait mis sur pied l'Armée rouge et aidé Lénine à mener à bien la Révolution russe, fut assassiné au Mexique en août 1940, treize ans après son exil forcé dû à sa disgrâce auprès de Staline. C'était le deuxième attentat contre sa vie cette année-là. Au mois de mai précédent, il avait survécu à une attaque des hommes de main de Staline : sa chambre avait été arrosée de soixante-treize balles, et pourtant il s'en était tiré sans une égratignure.

Il sera finalement tué, d'un coup de pic à glace dans le crâne, par un assassin solitaire avec qui il avait sympathisé depuis quelques mois. Celui-ci avait franchi les barrages de sécurité habituels parce que les gardes du corps de Trotski étaient occupés à renforcer une porte en raison de l'attaque précédente : ils étaient en train d'installer un système de sécurité dernier cri.

* * *

Il se peut que le communisme soit issu d'une maladie de peau.

Dans un article publié en 2007 par le *British Journal of Dermatology*, l'historien de la médecine Sam Shuster rapporte que Karl Marx souffrait très probablement d'une maladie qui peut provoquer de graves troubles psychologiques, encourageant notamment les impressions d'exploitation et d'aliénation. D'après lui, cette pathologie peut très bien l'avoir significativement influencé dans ses raisonnements.

Le chercheur pense en effet que Marx souffrait d'hidradénite suppurée, ou maladie de Verneuil, une affection des glandes sudoripares qui se manifeste par des furoncles et des fistules suppurantes. Si l'on ne sait pas bien à quel moment la maladie s'est déclarée, les symptômes sont bien établis en 1864. Marx a alors quarante-six ans et poursuit des recherches au British Museum de Londres pour son œuvre majeure, *Le Capital*, qui pose les bases de la théorie du communisme. Le livre sera publié en 1867.

* * *

Le romancier anglais Arnold Bennett est mort de la typhoïde en 1931 à la suite d'un voyage à Paris. Il y avait contracté la maladie en buvant un verre d'eau du robinet. Apparemment, il l'avait fait pour prouver que l'eau de France était parfaitement saine.

* * *

Les derniers mots d'Albert Einstein, l'un des plus grands savants de tous les temps, sont inconnus : il les a prononcés en allemand, une langue totalement inconnue de l'infirmière qui se trouvait à son chevet.

* * *

Le règne du roi d'Angleterre Henri VIII aurait été bien moins instable s'il avait mangé des légumes.

En 1989, des nutritionnistes ont constaté que s'il s'était alimenté correctement, la rupture avec Rome aurait pu être évitée et l'Angleterre serait peut-être restée catholique.

La quasi-absence de vitamines dans le régime alimentaire du roi, qui se composait presque exclusivement de viande et d'alcool, stimulait ses fameuses sautes d'humeur. On pense désormais qu'il serait mort d'un scorbut provoqué par la malnutrition, plutôt que de goutte ou de syphilis comme on le croyait par le passé. Ses traits bouffis tels qu'ils apparaissent sur ses derniers portraits, ainsi que les descriptions de son haleine fétide et de ses ulcères chroniques aux jambes, sont des symptômes classiques de cette maladie.

* * *

Si Franklin D. Roosevelt n'avait pas été mal traité lors de sa première crise de polio, il aurait pu éviter un handicap à vie. Il aurait pu mener une vie plus saine plus longue, ce qui aurait eu un fort impact sur l'accord de paix mettant fin à la Seconde Guerre mondiale.

Les symptômes apparaissent alors qu'il est en vacances au bord d'un lac avec sa famille, en 1921. Après une baignade, il se plaint de fortes douleurs aux jambes. Le médecin de famille le recommande à un célèbre chirurgien qui, justement, prend ses vacances à proximité. Le chirurgien, qui n'a jamais vu un adulte contracter la polio – une maladie frappant surtout les enfants en bas âge –, se trompe dans son diagnostic, croit à une lésion de la moelle épinière et recommande de « vigoureux » massages des membres : à peu près la pire chose à faire dans les premiers stades d'une attaque de polio.

Roosevelt subit ce traitement pendant deux longues semaines avant que la famille ne prenne un deuxième avis auprès d'un expert, lequel diagnostique immédiatement la polio.

Mais le mal est fait : les massages ont provoqué une paralysie permanente des jambes. Roosevelt apprend à se tenir debout, maintenu par des attelles métalliques, pour cacher son handicap en public – peu de gens, hors du cercle familial et présidentiel, sont au courant son invalidité –, mais en réalité il reste cloué à son fauteuil roulant pour le reste de sa vie. Le plus tragique est que dans 80 % des cas, la polio passe sans provoquer de séquelles durables.

Les conséquences historiques sont peut-être considérables. Roosevelt est président des États-Unis pendant toute la Seconde Guerre mondiale ; or ses problèmes de santé s'aggravent à la fin du conflit. Durant la dernière année, alors que des confrontations politiques cruciales avec l'Union soviétique posent les bases des accords territoriaux d'après-guerre, beaucoup d'historiens voient dans la santé chancelante de Roosevelt un facteur essentiel de l'affaiblissement américain. En 1945, c'est presque un moribond qui se rend à la conférence de Yalta, et Staline prend le dessus dans les négociations. Deux mois plus tard, Roosevelt décède à tout juste 63 ans. Contrairement au solide Churchill, qui en a 70 et vivra encore vingt années.

* * *

La future reine Victoria a failli être abattue à l'âge de sept mois par un garçon qui chassait les oiseaux.

Le jour de Noël 1819, elle est confiée aux soins d'une nurse dans la résidence de campagne où ses parents, le duc et la duchesse de Kent, sont en vacances. Une balle traverse la vitre de la nursery et passe assez près de la tête de l'enfant pour déchirer la manche de son paletot. Le responsable tirait sur des moineaux qui piaillaient bruyamment dehors.

Par la suite, la reine décidément chanceuse survivra à sept tentatives d'assassinat.

* * *

L'erreur de diagnostic d'un médecin britannique a peut être contribué à la série d'évènements ayant entraîné la Première Guerre mondiale.

Sir Morell Mackenzie, éminent spécialiste de la gorge, est convoqué en 1887 pour examiner le prince allemand Frédéric, qui a épousé la fille aînée de la reine Victoria. On redoute que le prince souffre d'un cancer de la gorge, mais Mackenzie, après trois examens, conclut catégoriquement à l'absence de tumeur maligne. Rien n'est donc fait.

Quelques mois plus tard, il devient évident que Frédéric souffre bien d'un cancer, qui a atteint un stade inopérable. Deux mois après cela, le Kaiser allemand s'éteint et Frédéric lui succède sur le trône… pour ne régner que quatre-vingt-dix-neuf jours avant de décéder à son tour, en juin 1888.

Cela ouvre la route à son fils, le Kaiser Guillaume, dont le règne erratique et extravagant déstabilisera la politique européenne et contribuera très largement à créer les frictions qui culmineront avec la déclaration de guerre, en 1914.

Si le cancer de son père avait été détecté plus tôt, qui sait combien de temps Frédéric aurait régné, et dans quelle mesure cela aurait modifié le cours de l'histoire ?

* * *

L'assassinat qui déclencha directement la Première Guerre mondiale, celui de l'archiduc François-Ferdinand d'Autriche lors de sa visite à Sarajevo le 28 juin 1914, ne dut sa réussite qu'à une erreur du cocher et une coïncidence à peine croyable.

Ce jour-là, la procession royale qui se rend de la gare à l'hôtel de ville est prise pour cible par sept terroristes nationalistes serbes. Sur les sept assassins potentiels qui longent le trajet, deux sont trop mal placés dans la foule pour tirer, et deux se dégonflent. Le cinquième réussit à lancer une bombe qui rebondit sur la voiture de l'archiduc et explose sous le troisième véhicule du convoi, blessant un officier. À son arrivée à l'hôtel de ville, l'archiduc réagit avec fureur, quitte la réception et demande à être conduit au chevet de la victime, à l'hôpital local.

L'un des terroristes, Gavrilo Princip, a entendu l'explosion. Il en a déduit que le complot avait réussi et s'est installé tranquillement à une terrasse de café. Les chauffeurs des véhicules royaux n'ont pas été informés du changement de destination ; ils prennent l'itinéraire prévu pour la parade et passent le long du fleuve, en direction de la gare. La voiture de tête prend un virage serré pour emprunter une rue étroite, et le chauffeur de la voiture de l'archiduc suit. Informé que ce n'est pas le chemin de l'hôpital, il s'arrête et commence une lente marche arrière pour sortir de la rue. Il se trouve que c'est précisément le coin de rue où Princip sirote un café pour fêter la victoire.

Princip lève la tête, voit l'archiduc à quelques mètres de lui, s'avance et tire la balle fatale. Il vise ensuite le chef des armées, mais un sauveur bien intentionné tente de le tirer par le bras, si bien que la balle s'en va frapper l'épouse de l'archiduc, la comtesse Sophie, qui décédera également.

En l'espace d'un mois, les Autrichiens, qui reprochaient à la Russie de soutenir les Serbes, déclarent la guerre au tsar. Leurs alliés, les Allemands, se joignent à la déclaration de guerre à la Russie, ce qui pousse la France, alliée à cette dernière, à déclarer la guerre à l'Allemagne. La Grande-Bretagne, alliée à la France et à la Russie, leur emboîte le pas. La « Grande Guerre » va durer quatre ans et faire neuf millions de victimes.

* * *

Emily Davison, la suffragette qui mourut en se jetant sous les pieds du cheval royal pendant le Derby d'Epsom en 1913, a peut-être gagné sa célébrité par accident.

Cet épisode, qui a été décrit comme un suicide délibéré pour la cause du vote des femmes, n'est peut-être en réalité qu'une tragique erreur de jugement.

Des éléments ont fait surface en 1986 sous la forme de biens personnels conservés par le notaire qui représentait la famille lors de l'enquête. Parmi les documents se trouvait un objet qui jette le doute sur la théorie du suicide : elle avait sur elle un billet de train de retour, qui laisse penser qu'elle projetait de rentrer chez elle ce soir-là.

Le jockey royal, Herbert Jones, a toujours douté que Davison ait eu l'intention de faire tomber son cheval. On dit qu'il était obsédé par son regard surpris dans les secondes précédant la collision. Il était certain qu'elle avait mal évalué la situation et supposé que tous les chevaux étaient déjà passés, mais que le virage lui avait caché quelques retardataires, dont sa monture.

Ce qui n'était peut-être qu'un acte conçu pour attirer l'attention a assuré à Davison, peut-être plus par hasard que volontairement, une place immortelle dans l'histoire.

* * *

Le naufrage du Titanic aurait pu être évité si un membre d'équipage n'avait pas oublié de remettre les clés de son casier.

L'officier en second David Blair fut retiré de l'équipage à la dernière minute, juste avant le départ de Southampton, en avril 1912. Dans la hâte de son remplacement, Blair omit de passer à son remplaçant la clé d'un casier où étaient rangées les jumelles indispensables à la vigie.

Après la catastrophe, qui fit 1 522 victimes, l'un des hommes d'équipage rescapés, Fred Fleet, livra son témoignage aux autorités américaines qui menaient l'enquête. Il confirma qu'ils n'avaient pas de jumelles pour effectuer la traversée. S'ils en avaient eu, a-t-il affirmé, ils auraient pu voir l'iceberg plus tôt. Quand l'enquêteur lui demanda : « Plus tôt de combien ? », il répondit : « En tout cas suffisamment pour l'éviter. »

La clé fut conservée en souvenir. Ses descendants l'ont mise en vente aux enchères en 2007. Elle fut rachetée pour 90 000 £ (120 000 €).

* * *

La plus tragique des catastrophes aériennes, la collision entre deux Boeing 747 à l'aéroport Los Rodeos de Tenerife, dans les îles Canaries, un soir de mars 1977, fut le résultat indirect d'un acte terroriste mineur.

Une petite bombe posée par une groupuscule indépendantiste avait explosé à midi à l'aéroport de l'île voisine de Las Palmas, ce qui avait entraîné la fermeture des pistes. Tous les vols étaient redirigés sur Tenerife.

L'aéroport fut alors submergé. Le brouillard s'abattit pendant l'après-midi, ce qui augmenta la confusion. Au décollage, l'appareil hollandais de la KLM heurta de plein fouet l'avion de la PanAm qui, allant se garer, s'était éloigné sans le savoir de la piste. Cinq cent quatre-vingt-trois personnes périrent dans l'accident. Il n'y eut que soixante-dix survivants, tous passagers de l'appareil américain.

* * *

Les enquêteurs examinant le crash d'un avion de la Swissair en provenance de New York, au-dessus de la côte de Nouvelle-Écosse, ont recommandé une modification cruciale des procédures de vol.

Ils ont insisté pour que les compagnies aériennes raccourcissent radicalement les check-lists que doivent suivre les pilotes pour détecter l'origine d'un feu en cabine. Ils avaient découvert qu'au moment du crash, il fallait une demi-heure pour exécuter toute la check-list de la Swissair. Le vol s'était écrasé vingt minutes après les premiers signes de fumée à bord.

* * *

Le vol Air Canada 143 entre Montréal et Edmonton a bien failli se terminer en catastrophe, un jour de juillet 1983, lorsqu'il est tombé en panne de carburant à mi-trajet.

Les pilotes ont fait planer le 767 sur plus de 160 kilomètres avant de réussir un atterrissage d'urgence sur une piste dés- affectée proche de Winnipeg… tout à côté d'une course de moto qui se tenait là. Les enquêteurs ont découvert que l'équipage au sol avait confondu les systèmes de poids et mesures métrique et anglo-saxon. Au lieu de remplir les réservoirs de 22 300 kg de kérosène, ils y avaient déversé seulement 22 300 livres au lieu des 49 060 livres qui auraient été nécessaires.

Air Canada venait de prendre livraison de ses quatre premiers 767. L'appareil était le premier de leur flotte à être calibré selon le système métrique. Jusqu'à ce jour, tous les avions de la compagnie utilisaient les mesures anglo-saxonnes… un détail oublié par les mécaniciens.

* * *

Depuis la Seconde Guerre mondiale, il s'est produit plus de vingt accidents dans lesquels des armes nucléaires américaines ont relâché des matières radioactives. Voici le plus grave.

En janvier 1961, quatre jours après l'intronisation du président Kennedy, un bombardier B-52 transportant vingt-quatre mégatonnes d'armes nucléaires se disloque en vol au-dessus de Goldsboro (Caroline du Nord). L'une des bombes tombe dans un marécage : elle ne sera jamais retrouvée. L'autre s'écrase au sol et est récupérée. Après analyse, les enquêteurs constatent que cinq dispositifs de sécurité sur six avaient été détruits. Un seul interrupteur a empêché la bombe d'exploser. L'arme était deux mille fois plus puissante que celle qui fut larguée sur Hiroshima.

L'armée américaine a perdu deux avions de chasse F-16 en l'espace de trente mois, entre 1991 et 1993, parce que le pilote avait du mal à contrôler l'appareil en utilisant son « kit pipi » pour uriner en vol. Chacun des avions valait dix-huit millions de dollars.

* * *

Le pont du Golden Gate, à San Francisco, a failli se disloquer en décembre 1951, lors de la première grosse tempête qu'il a essuyée.

En début de soirée, des vents soufflant à 120 km/h font osciller le tablier sur une largeur de 80 mètres et une hauteur de 1,5 mètre. Les câbles principaux, qui sont habituellement espacés de 80 centimètres, frottent les uns contre les autres.

Les calculs effectués à l'époque ont montré que si ces vents avaient continué à souffler pendant encore vingt-cinq minutes, la structure aurait cédé. Le pont a été renforcé par la suite, grâce à l'ajout de 250 broches en acier de sept tonnes chacune sous la chaussée.

C'était la première fois que le pont devait fermer depuis son ouverture en 1937. Cela ne s'est reproduit que deux fois depuis.

Une autre spéculation amusante porte sur la célèbre couleur rouille de l'ouvrage. Celle-ci a été choisie parce que c'était celle qui se fondait le mieux dans le paysage environnant. Si l'US Navy avait eu son mot à dire, le pont aurait été peint de rayures jaune vif et noir, afin d'améliorer sa visibilité pour le trafic maritime.

* * *

Au moins six mille personnes ont péri à la suite d'un empoisonnement de masse en Irak, en 1971, parce que les étiquettes collées sur du grain d'importation interdit à la consommation humaine étaient rédigées seulement en anglais et en espagnol.

La cargaison d'orge américain et de blé mexicain avait été exportée en Irak pour un usage agricole uniquement. Pour s'assurer qu'elle ne serait pas mangée, on l'avait aspergée de mercure et teinte en rose vif. Les sacs étaient étiquetés dans les langues des pays exportateurs, mais pas en arabe. La livraison fut rapidement volée après son débarquement à Basra, et revendue aux pauvres.

L'étendue de la tragédie ne fut connue que deux ans plus tard, lorsqu'un journaliste d'investigation américain réunit toutes les preuves sur l'épidémie d'empoisonnement au mercure qui s'ensuivit. Le bilan définitif, d'après les registres hospitaliers, semble être d'au moins six mille morts, auxquels doivent être ajoutés au moins cent mille cas de handicaps comprenant cécité, surdité, lésions cérébrales et paralysie. Personne n'a jamais été poursuivi.

* * *

L'État du Bénin, en Afrique de l'Ouest, a vu toutes ses forces aériennes détruites d'un coup en 1988… par un swing de golf raté.

Metthieu Boya, mécanicien au sol et golfeur enthousiaste, s'entraînait sur le terrain d'atterrissage pendant l'heure du déjeuner. Sa balle heurta le pare-brise d'un avion de chasse qui se préparait à décoller ; celui-ci s'encastra dans les quatre autres avions que possédait l'armée, alignés le long de la piste. Les cinq appareils étaient bons pour la casse.

* * *

La cathédrale de Winchester, l'une des plus grandes d'Angleterre, fut sauvée de la destruction grâce à un scaphandrier.

En 1905, les autorités découvrent que les fondations de cet édifice médiéval, dont la construction a commencé au XIe siècle, reposent sur des piliers de bois qui, eux-mêmes, s'appuient sur un lit de tourbe recouvert d'eau. Toute l'opération de renforcement des fondations repose sur un plongeur solitaire, William Walker, embauché pour descendre dans les entrailles englouties de la cathédrale. Chaque jour, pendant six années, il creuse la tourbe. Avec l'aide de deux cent cinquante personnes en surface, il remplace celle-ci par de la brique, 115 000 blocs de ciment et 25 000 sacs de ciment. Une statue du « Plongeur de Winchester » trône à présent dans la cathédrale, en souvenir de cet étrange exploit.

LES RATÉS DE LA GUERRE

Il est possible que Napoléon ait perdu la bataille de Waterloo parce que le jour fatal, il souffrait d'une crise aiguë d'hémorroïdes.

Cette affection l'empêcha de monter à cheval pour superviser ses troupes comme il en avait l'habitude. Il en avait déjà souffert plus tôt pendant la campagne. Deux jours auparavant, ses médecins avaient perdu les sangsues utilisées pour soulager la douleur et lui avaient administré par erreur une trop forte dose de laudanum, dont il subissait encore les effets secondaires au matin de la bataille.

Ses décisions de ce jour-là ont été analysées par les historiens. Il en ressort que le retard pris dans le déclenchement de l'assaut semble largement lié à son indisposition : l'attaque, d'abord prévue pour 6 heures, puis pour 9 heures, ne fut pas lancée avant la fin de matinée.

* * *

La bataille de Waterloo aurait d'ailleurs pu ne jamais avoir lieu. Napoléon avait tenté de mettre fin à ses jours un an plus tôt, en avril 1814, après l'effondrement des forces françaises et l'occupation de Paris par les armées britannique, russe, prussienne et autrichienne.

Juste avant la décision de son exil à l'île d'Elbe, le 12 avril, il avala une fiole de poison qu'il portait toujours sur lui depuis la retraite de Russie. Le seul résultat fut de lui donner un violent accès de hoquet, si bien qu'il vomit avant que le poison n'ait pu faire effet.

* * *

En 1152, un divorce a entraîné une guerre qui devait durer trois cent un ans.

Aliénor d'Aquitaine, reine de France et l'une des femmes les plus puissantes de l'histoire, quitta Louis VII pour se remarier six semaines plus tard avec le roi Henry II d'Angleterre. Ce faisant, elle déposait entre les mains des Anglais une région qui occupait presque un quart de la France. Le roi Louis, forcé de reconnaître à Henry le titre de duc d'Aquitaine, était fou de rage.

La raison du divorce ? Quand Louis était rentré des croisades, Aliénor lui avait reproché d'avoir rasé sa barbe, ce qu'elle trouvait fort laid. Comme il refusait de la laisser repousser, elle avait rompu avec lui. Cela allait amener trois siècles de conflit perpétuel entre les deux pays, dont la guerre de Cent Ans. La paix et la stabilité ne furent pas restaurées avant

1453, suite à la bataille de Rouen, lorsque les Anglais furent enfin chassés de toute la France à l'exception de Calais.

* * *

Francisco Franco ne serait peut-être pas devenu le dictateur qu'il a été… si son plus grand rival n'avait pas été aussi obsédé par les tenues d'apparat.

Juillet 1936, au début de la guerre d'Espagne : le général José Sanjurjo périt au Portugal dans un accident d'avion, alors qu'il se rend en Espagne pour joindre ses forces à celles de Franco. Le crash est dû à la quantité extravagante de bagages qu'il a emportés : il a bourré le petit avion de valises remplies d'uniformes de cérémonie. Le pilote l'a bien averti que l'appareil était trop lourdement chargé, mais Sanjurjo, savourant à l'avance le rôle qu'il allait jouer, lui a répondu : « En tant que nouveau Caudillo d'Espagne, je me devrai d'être bien vêtu. »

Moins d'un an plus tard, l'autre rival de Franco périssait également dans un accident d'avion. Plus rien ne le séparait du pouvoir absolu.

* * *

Hitler aurait survécu à au moins quinze tentatives d'assassinat entre 1938 et 1944, souvent grâce à des coups de chance inouïs.

Le premier attentat connu, avant qu'il devienne chancelier, est commis par un garde SS mécontent qui, en 1929, pose une bombe commandée à distance sous l'estrade du palais des Sports de Berlin, où Hitler prononce un discours. Le complot échoue parce que le garde, pris d'un besoin pressant pendant le discours, s'enferme par accident dans les toilettes. Ce qui l'empêche d'actionner le détonateur.

* * *

À un moment délicat de son histoire, le sort de l'Angleterre a été scellé par les aléas de la météo.

La flotte de l'Armada espagnole, forte de cent trente vaisseaux tentait d'envahir la côte méridionale de l'Angleterre en 1588. Elle fut vaincue non par la force des armes mais par les sautes d'humeur du climat britannique. La flotte anglaise, de fait, ne coula qu'un navire ennemi avant de se trouver à court de munitions.

Après une navigation sans encombre dans la Manche, les vents poussèrent l'Armada jusqu'à la mer du Nord et empêchèrent le débarquement prévu, juste au moment où la flotte attaquée arrivait au bout de ses munitions. Pendant le retour de l'Armada, au large de l'Écosse et de l'Irlande, un ouragan acheva de la détruire. Seuls soixante-cinq vaisseaux – la moitié de la flotte d'origine – rentrèrent au port en Espagne. C'est donc pour une bonne raison que la devise portée sur la médaille commémorative anglaise était : « Dieu souffla et ils furent dispersés. »

* * *

Une épidémie de variole a curieusement ravagé la côte Est des États-Unis pendant toute la guerre d'Indépendance, de 1775 à 1782 – soit un an après la défaite et le retour des troupes anglaises.

Les historiens débattent toujours aujourd'hui pour savoir si la Grande-Bretagne avait délibérément diffusé la maladie, ce qui constituerait une des premières formes de guerre bactériologique. Les colons en étaient convaincus.

Les preuves ne sont pas très nettes, même si l'on sait que l'armée britannique vaccinait ses troupes. On peut aussi penser que la maladie a été transportée naturellement par le grand nombre de soldats venus d'Europe. Quelle que soit la cause, la maladie sema la désolation dans les opérations militaires. Elle réduisait près du tiers les effectifs disponibles. En juin 1776, l'un des chefs de l'armée continentale, John Adams, écrivit à un ami que la variole était « dix fois plus redoutable que les Anglais, les Canadiens et les Indiens réunis ». Des milliers de soldats succombèrent, et il se peut que la guerre ait duré de ce fait bien plus longtemps qu'elle ne l'aurait dû.

Si c'était une ruse volontaire pour priver la rébellion américaine de sa tête pensante, le plan souffrait d'une faille inconnue. George Washington, commandant en chef de l'armée continentale, était immunisé contre la variole, qu'il avait contractée enfant. Il pouvait mener ses troupes sans aucune crainte de tomber malade.

* * *

Lors de la seconde guerre d'Indépendance, seul le ciel a sauvé la Maison Blanche de la destruction.

En août 1814, les forces britanniques mettent à sac la capitale américaine, Washington. Tous les principaux édifices publics sont incendiés : le Capitole, le siège du Congrès et le Trésor, le Département d'État, le ministère de la Guerre ainsi que la bibliothèque nationale avec tous ses livres. La résidence officielle du président, elle aussi, prend feu. Mais elle est sauvée par le déclenchement fortuit d'un orage qui éteint les flammes avant que tout le bâtiment ne soit détruit.

Le bâtiment moderne de la Maison Blanche conserve en grande partie la structure d'origine. Jusqu'en 1814, cette maison n'était pas blanche mais grise, la couleur du grès de Virginie avec laquelle elle avait été construite. Après l'incendie, elle a été repeinte en blanc pour masquer les traces de suie, et y a gagné son surnom.

* * *

La débâcle militaire la plus lamentable de l'histoire de l'armée britannique – la charge de la brigade légère, en octobre 1854, lors de la bataille de Balaklava, pendant la guerre de Crimée – repose sur un simple malentendu, qui aurait pu être facilement dissipé si les deux soldats impliqués n'avaient pas été des ennemis jurés.

La charge, menée dans un étroit vallon flanqué de part et d'autre par d'importantes troupes russes, était suicidaire. L'ordre n'était pas de charger, mais de neutraliser un petit groupe de soldats situé sur le côté. Le commandant des forces britanniques, Lord Raglan, les voyait bien depuis son poste qui dominait le champ de bataille. Mais le général Lucan, positionné en fond de vallée, n'était pas au courant de leur présence.

Raglan envoya un messager porter à Lucan l'ordre ambigu d'« empêcher l'ennemi de replier ses canons ». Il se trouve que le messager était son aide de camp, le capitaine Nolan… que Lucan détestait cordialement. Le sentiment était réciproque. Quand Lucan, qui ne voyait que la vallée droit devant lui et supposait que les canons en question étaient ceux qui se trouvaient au bout, demanda confirmation de l'ordre, Nolan omit de clarifier, se contenta de répéter l'ordre et s'en alla. Lucan transmit l'ordre à son second, lord Cardigan, qui lui aussi demanda confirmation. Lucan ne put que lui dire que l'ordre émanait du commandant en chef. La brigade s'avança prudemment dans la vallée – on ne peut pas vraiment parler de « charge ». Elle fut anéantie par des canons qui n'auraient jamais dû être attaqués. Près de la moitié des 675 hommes furent tués ou blessés, ainsi que pratiquement toutes les montures.

Il n'en reste plus aujourd'hui qu'un très beau poème.

* * *

La bataille la plus décisive de la guerre de Sécession, celle de Gettysburg, n'était absolument pas prévue.

1863 : les forces opposées – l'Union et la Confédération – sont largement dispersées dans toute cette région de Pennsylvanie. Une brigade rebelle, sous les ordres d'Henry Heth, entend dire qu'un arrivage de bottes neuves l'attend en ville. D'après un témoignage, il aurait trouvé cette information dans un journal local ramassé par hasard, le *Gettysburg Compiler* : une boutique de cordonnier y annonçait l'arrivée d'un nouveau stock. Ses soldats, qui marchent depuis des mois, ont justement un grand besoin d'être mieux chaussés.

Heth demande la permission d'aller les chercher. Son supérieur, qui garde en tête l'ordre du général Lee de ne pas provoquer l'ennemi avant que les forces confédérées puissent être rassemblées et concentrées, évite avec précaution tout contact avec l'adversaire. Il refuse.

Mais Heth les veut, ces chaussures. Il porte donc sa requête au niveau supérieur, c'est-à-dire au Major General Ambrose Hill, et le convainc qu'il n'y a pas de forces ennemies en ville. Hill n'a aucune objection.

Le 1er juillet, vers huit heures du matin, Heth est pris dans une escarmouche avec une unité de cavalerie de l'Union. Les hostilités éclatant des deux côtés, il fait venir en urgence du renfort en ville. En trois jours, le sort de toute la guerre est scellé. Ce sera la bataille la plus vaste et la plus sanglante jamais menée sur le continent nord-américain : 90 000 soldats de l'Union contre 75 000 Confédérés. Un tiers des effectifs périt. Le Sud perd 28 000 hommes, le Nord, 23 000.

À la fin de la journée du 3 juillet, Lee sonne la retraite. La guerre se poursuivra encore pendant presque deux ans, mais jamais il ne retrouvera l'initiative stratégique. La recherche de chaussures par un subalterne finira par faire perdre la guerre aux Sudistes.

* * *

Les exploits du jeune Winston Churchill pendant la guerre des Boers, en Afrique du Sud, lui ont valu une réputation de tête brûlée qui l'aida à remporter l'élection au parlement, trois mois à peine après son retour en Angleterre, à l'âge précoce de vingt-cinq ans. Pourtant, il n'aurait peut-être jamais réussi sans un coup de chance stupéfiant.

À la fin de l'année 1899, il s'évade d'un camp de prisonniers Boer à Pretoria. Il se trouve en territoire Boer hostile aux Anglais, à cinq cents kilomètres de la frontière avec l'Afrique de l'Est portugaise, où il pourrait être sauvé. Il n'a ni carte ni boussole, ne parle pas l'afrikaans ni aucune autre langue locale. Après avoir voyagé toute la nuit dans un train de marchandises, il en saute et se dirige vers des lumières, qui se révèlent être celles d'un camp de mineurs de charbon.

Il frappe au hasard à la porte d'une maison. Apprenant que son occupant est anglais, il décline son identité et lui confie qu'il est en fuite. L'homme sur qui il vient de tomber par hasard, John Howard, est le directeur de la mine. Sa maison est la seule occupée par un Anglais à trente kilomètres à la ronde. Il cache Churchill dans la mine pendant deux jours avant d'organiser sa traversée de la frontière à bord d'un autre train. La tête du fugitif est mise à prix et il est recherché « mort ou vif ».

S'il avait frappé à toute autre porte, il aurait sans doute été dénoncé par un Boer patriote et fusillé pour trahison.

* * *

Des abeilles ont eu raison de huit mille soldats anglais.

En novembre 1914, la première action d'envergure de la Première Guerre mondiale en Afrique a été le débarquement anglais à Tanga, en Afrique de l'Est. Mais elle s'est soldée par une défaite humiliante pour les envahisseurs… en grande partie à cause d'un essaim d'abeilles.

Les huit mille soldats aux ordres du général Arthur Aitken affrontaient à peine mille Allemands. Mais ceux-ci étaient bien mieux préparés. Et les attaquants, des réservistes indiens mal entraînés et peu coordonnés – ils parlaient douze langues à eux tous – durent affronter un ennemi encore bien plus menaçant. Les coups de feu avaient excité un grand nombre de colonies d'abeilles africaines très agressives, qui attaquèrent les forces britanniques en masse.

En dépit de leur infériorité numérique, les forces allemandes repoussèrent facilement les Anglais, dont presque mille furent blessés et trois cent soixante tués. (En outre, ceux qui n'étaient pas tués ou blessés furent gravement piqués par les abeilles !) Les Allemands récupérèrent les milliers de fusils et de mitraillettes laissés derrière eux par les Anglais en fuite, ainsi qu'un demi-million de charges de munitions.

Le commandant allemand, le colonel Paul von Lettow-Vorbeck, s'autoproclama héros national ce jour-là. Il allait mener les troupes allemandes en Afrique pendant toute la guerre, sans jamais perdre une bataille. Et pourtant, sans les abeilles, son premier contact avec des forces largement supérieures en nombre aurait peut-être été le dernier.

* * *

Hitler a failli être renversé par les chefs de son armée deux fois pendant la crise tchèque de septembre 1938.

La première fois, les comploteurs prévoyaient de passer à l'action au moment où Hitler donnerait l'ordre définitif d'envahir la Tchécoslovaquie… mais le plan fut contrarié lorsque le Premier ministre britannique, Chamberlain, annonça par surprise qu'il était décidé à s'entretenir directement avec Hitler.

La deuxième tentative devait intervenir lors des missions de Chamberlain, quand Hitler rejeta les propositions britanniques de conciliation. Cette fois, le projet fut contrecarré parce que Mussolini le persuada d'accepter la conférence à quatre de Munich, qui devait finalement régler la crise. Le commandant en chef de l'armée, le général Brauchitsch, était sur le point de donner l'ordre de déposer Hitler le 28 septembre, mais refusa de le faire avant de lui avoir parlé. Les nouvelles de la conférence de Munich l'atteignirent alors qu'il se rendait à la chancellerie pour la confrontation finale.

La déclaration de guerre de septembre 1939 alarma des pans entiers de l'armée allemande. Alors que les projets d'attaque militaire vers l'ouest se développaient, pendant l'automne, les complots pour renverser le Führer en faisaient autant.

La première tentative a lieu après qu'Hitler eut décrété que l'invasion de l'ouest commencerait le 12 novembre. Le 8 novembre a lieu la commémoration annuelle du putsch de 1923. Hitler doit prononcer un important discours à la Burgerbraukeller, la brasserie où le coup d'État raté a commencé. Une bombe est posée dans un pilier, derrière l'estrade. Elle est réglée sur 21 h 20 : Hitler doit commencer son discours à 20 heures, et il s'exprime en général pendant deux heures. Il sera donc fauché au beau milieu de sa prestation.

La salle, qui peut accueillir trois mille personnes, est bondée. Hitler ne commence pas avant 20 h 10, en raison des ovations qu'il reçoit. Sans raison apparente, il conclut son discours en hâte à 21 h 07. Encore plus inhabituel : il se hâte de sortir au lieu de rester serrer des mains.

Huit minutes plus tard, la bombe explose. Sept personnes sont tuées devant la scène, et il y a soixante-trois blessés. Si Hitler était resté sur l'estrade, il aurait certainement fait partie des victimes.

(Cet épisode est controversé. Certains éléments – notamment le témoignage du charpentier qui a posé la bombe – tendent à indiquer une autre explication. L'explosion aurait en fait été organisée par Hitler pour se débarrasser de certains chefs militaires, présents ce soir-là : il était furieux de leur résistance à ses plans militaires. Le poseur de bombe fut capturé mais jamais jugé. Cette version pourrait expliquer le comportement inhabituel d'Hitler ce soir-là. Pourtant, il parut authentiquement surpris et choqué lorsqu'on lui porta la nouvelle de l'attaque.)

* * *

En mars 1943 – deux mois après la défaite allemande de Stalingrad, et alors que le sentiment antihitlérien monte dans les hautes instances de l'armée –, une bombe est cachée dans l'avion d'Hitler de retour d'une visite sur le front russe. Elle doit exploser en vol ; mais au bout de deux heures, on apprend que l'avion a atterri sans encombre.

Quand les comploteurs récupèrent la bombe, ils découvrent que l'acide a commencé à ronger le câble, mais qu'il a gelé avant d'atteindre le détonateur.

Le pilote d'Hitler expliquera par la suite qu'il a rencontré des turbulences et que, pour épargner cet inconfort au Fürher, il a gagné une plus grande altitude. La température de la soute, où était caché l'engin, est tombée brutalement et rapidement… juste au bon moment pour sauver la vie d'Hitler.

Une semaine plus tard a lieu une nouvelle tentative, cette fois d'attentat suicide. Le colonel Rudolf von Gerstdorff, un chef du renseignement du groupe armé engagé sur le front russe, doit faire visiter à Hitler une exposition de trophées de guerre, à Berlin. Il prévoit de se faire sauter avec le Führer.

Gerstdorff a des bombes dans les deux poches de son manteau. Pendant qu'Hitler s'avance vers la salle d'exposition, il brise des fioles d'acide qui doivent mettre le feu aux poudres en dix minutes. Dans leur hâte, les comploteurs n'ont pas pu trouver de déclencheurs plus rapides.

Hitler devait passer au moins une demi-heure sur place. Malheureusement, il se désintéresse de l'exposition et ne manifeste aucune envie d'écouter les explications de Gerstdorff. Il fait sa visite à la hâte et s'en va en un rien de temps. Gerstdorff annule donc sa mission : il se dépêche lui aussi de sortir, réussit à trouver des toilettes vides et désarme les bombes à la dernière seconde.

Cruelle ironie du sort : pendant ce temps, au moment de sortir, Hitler a remarqué un char soviétique qui l'intéressait. Il a pris tout son temps pour l'examiner et grimper dessus.

Cela aurait laissé à Gerstdorff tout le temps qu'il lui fallait.

* * *

Alors que l'Allemagne perd peu à peu le contrôle de la guerre, peu après le débarquement de Normandie, l'attentat à la bombe de juillet 1944 est l'un des efforts les plus concertés de la part d'officiers de l'armée pour éliminer Hitler et assurer une paix négociée. Ils comptent frapper pendant une conférence militaire donnée au Wolfsschanze, son quartier général, en Prusse orientale. Encore une fois, Hitler survivra grâce à un remarquable coup de chance.

La valise piégée apportée dans la salle de conférence par le comte von Stauffenberg est placée sous la table à cartes, à moins de deux mètres d'Hitler. Elle est appuyée contre l'un des lourds pieds en chêne de la table.

Un aide de camp, se penchant pour mieux voir la carte déployée avant la conférence, bute dans la valise. Il la déplace sans se demander ce qu'elle contient, si bien qu'elle se retrouve de l'autre côté du pied de table. Ce petit geste va sauver la vie d'Hitler.

Lorsque la bombe explose moins de cinq minutes plus tard, l'essentiel de l'onde de choc est absorbé par le pied de table. En outre, Hitler est assis devant la porte de la salle, qui mène à un long couloir, lequel aspire l'essentiel du souffle.

Le Führer ne souffre que de blessures superficielles, d'une perforation des tympans et d'une épaule démise.

* * *

Adolf Hitler a failli se suicider après le premier grand revers de sa carrière politique.

Jeune agitateur dans le Munich chaotique des années suivant la Première Guerre mondiale, Hitler est à la tête d'une tentative de coup d'État contre le gouvernement bavarois, le putsch dit « de la Brasserie », en novembre 1923. Celui-ci échoue, mais une fusillade avec la police fait seize morts dans le camp national-socialiste. Hitler, lui, se démet l'épaule en plongeant pour échapper à la fusillade. Il est évacué vers une cachette qui appartient à son grand ami Ernst Hanfstaengl. Retrouvé deux jours plus tard par les autorités, Hitler devient hystérique, sort son revolver et tente de se tirer une balle. C'est Mme Hanfstaengl qui parvient à lui arracher l'arme des mains et à arrêter son geste.

La tentative suivante, en 1945, sera plus réussie… malheureusement, il aura provoqué entre-temps une guerre mondiale et 55 millions de morts.

* * *

D'autres attentats sont ratés pour des raisons fortuites.

Après l'armistice, un complot pour tuer Hitler pendant son défilé à Paris, en juin 1940, est contrecarré parce qu'il fait sa visite quatre jours en avance, et ne reste que quelques heures. Le défilé n'aura jamais lieu.

En novembre 1943, une tentative d'attentat suicide, l'opération Overcoat, s'appuie sur la passion du détail d'Hitler. L'idée est de lui présenter un nouvel uniforme. Un commandant de bataillon se porte volontaire pour bourrer de grenades le manteau neuf. Il les déclenchera au moment où le Führer enfilera le manteau, et l'immobilisera pendant les quatre secondes que prend la mise à feu. La veille du jour où la présentation doit avoir lieu, un raid aérien allié sur Berlin détruit les échantillons, et toute l'opération avec.

En mars 1944, un capitaine de cavalerie qui a accepté de tirer sur Hitler lors d'une conférence militaire au Berghorf, sa retraite bavaroise, est empêché d'entrer dans la salle par un garde SS : le Führer a soudain ordonné que les jeunes recrues soient exclues. Son supérieur, qui n'est pas au courant du complot, proteste qu'il a besoin de son aide à ses côtés, mais en vain.

* * *

Début 1939, avant la déclaration de guerre, l'attaché militaire britannique à Berlin, le général sir Noel Mason-MacFarlane, propose à Londres de faire assassiner Hitler par un tireur d'élite, depuis un immeuble qui donne sur la chancellerie. Ceci, rapporte-t-il, « aurait pu mener à l'éradication du national-socialisme, et des millions de vies auraient pu être sauvées ». Le gouvernement oppose son veto à cette idée, au prétexte que ce n'est pas « fair play ».

* * *

Sans le savoir, la Grande-Bretagne possédait le secret du code allemand Enigma quinze ans avant de le comprendre.

Si elle avait su qu'elle connaissait ce secret, toute la période de la montée du nazisme, dans les années 30, aurait pu tourner autrement. Le déchiffrement du code secret utilisé par l'Allemagne pour ses mouvements de troupes est l'une des clés de la victoire alliée lors de la Seconde Guerre mondiale. Dès l'époque de l'invasion du Danemark et de la Norvège par les Allemands, en avril 1940, les déchiffreurs des services de renseignement britanniques, à Bletchley Park, lisaient les signaux secrets et étaient informés de tous les mouvements stratégiques prévus par l'ennemi.

Toutefois, l'Angleterre aurait pu infiltrer le système dès 1924… si elle avait imaginé que les Allemands puissent être idiots. En 1924, la compagnie qui fabriquait la machine à coder avait déposé un brevet au bureau de Londres. Celui-ci décrivait précisément son fonctionnement ; il aurait suffi de suivre les câblages indiqués pour déchiffrer les messages. Mais les déchiffreurs étaient loin d'imaginer que les militaires allemands utiliseraient simplement le système monté en série sur la version commerciale. Pourtant, c'est exactement ce qu'ils faisaient.

En 1939, lorsqu'ils ont enfin entre les mains la première version militaire de la machine Enigma, les services de renseignement découvrent que l'engin est câblé par ordre alphabétique : A pour le premier contact, B pour le deuxième, C pour le troisième, et ainsi de suite. C'est exactement la disposition décrite dans le schéma fourni avec le brevet d'origine. C'est tellement évident que personne n'a pensé à essayer.

En 2001, lorsque cette histoire fut révélée à l'ouverture des archives officielles, Peter Twinn, l'analyseur connu pour être le premier Anglais à avoir déchiffré un code Enigma, fit cette réflexion : « Rétrospectivement, je sais que cela paraît idiot. C'était une chose tellement évidente à faire, tellement simplette, que personne ne s'était jamais dit que cela valait la peine d'essayer. »

* * *

De l'autre côté, c'est l'arrogance allemande qui maintint la machine Enigma en service.

Le déchiffrage passe dangereusement près d'être découvert en août 1943, au plus fort de la bataille de l'Atlantique. Le chef des sous-marins allemands, l'amiral Doenitz, soupçonne que le code est éventé, car le nombre de sous-marins coulés dans des recoins éloignés de l'Atlantique augmente de manière alarmante.

L'Abwehr, le service de renseignement militaire allemand, reçoit ensuite d'un agent en Suisse la confirmation expresse que les Anglais sont en possession du code. Une enquête est diligentée : les experts maritimes allemands concluent que le code est encore sûr, malgré des preuves flagrantes du contraire.

Tout porte à croire qu'ils étaient simplement incapables de se résigner à l'idée que leur code soit éventé. Les Alliés continuèrent à lire le code sans encombre jusqu'à la fin de la guerre.

* * *

Les renseignements allemands passent à côté d'une autre occasion de prendre l'avantage dans la guerre d'espionnage, fin 1943, lorsqu'on leur présente une source qui fournit certains des secrets les mieux gardés des Alliés. Les informations sont tellement bonnes que les maîtres espions allemands n'en tiennent pas compte : ils soupçonnent un piège.

Le super-espion est maître d'hôtel à l'ambassade britannique en Turquie, un État neutre mais qui envisage de rejoindre la guerre du côté de l'Axe. Elyesa Bazna, au nom de code « Cicéron » (d'après l'orateur romain connu pour sa volubilité), a accès aux télégrammes secrets de l'ambassadeur, qui ne se méfie pas. Il met à profit les leçons de musique de celui-ci, tous les après-midi, pour fouiner dans son bureau. Il sait que tant qu'il entend de la musique dans la résidence, il peut se livrer sans risque à l'espionnage.

Il recopie pour les Allemands des documents incroyablement secrets : comptes rendus de réunions au sommet entre Churchill et Roosevelt à Casablanca, du sommet avec Staline à Téhéran qui esquisse la stratégie de la victoire, plans du débarquement de Normandie, y compris le nom de code Overlord, informations sur des bombardements, et enfin la clé du principal code de chiffrage britannique.

Ses contacts allemands soupçonnent quelque chose de louche lorsqu'il déclare ne pas parler anglais ; ils découvrent par la suite que c'est un mensonge. Il prétend aussi travailler seul, ce qu'ils soupçonnent également d'être inexact, vu ses méthodes de travail. Ils repèrent plus tard ses doigts sur une photo, ce qui prouve que quelqu'un travaille avec lui pour tenir l'appareil.

Les doutes alimentent chez les Allemands la crainte de se faire piéger dans une opération de désinformation. L'histoire qu'on leur donne peint le tableau de forces alliées confiantes et déterminées, prêtes à se battre jusqu'au bout. Ils croient à un coup de bluff.

Les Allemands dédaignent donc les inestimables trésors qu'ils ont sous les yeux. Ils expriment leur défiance à Bazna qui quitte l'ambassade après six mois, heureux des paiements qu'il croit avoir reçus (il s'avérera que les billets étaient faux). Si l'Allemagne avait utilisé ces informations sur les intentions des Alliés, elle aurait été bien mieux préparée pour le débarquement, qui aurait pu tourner tout différemment.

* * *

Deux mois avant le débarquement de Normandie, un officier du renseignement britannique a perdu tous les plans secrets de l'opération.

La mallette de documents contenait tous les détails des fréquences radios et des codes à utiliser par les forces impliquées, le nombre et la disposition des formations d'assaut ainsi que la date du jour J.

L'officier, un adjoint du brigadier Lionel Harris, chef de la branche des télécommunications au QG des forces alliées, égare ce gros dossier en rentrant chez lui par la gare londonienne de Waterloo, un soir d'avril 1944. Harris le soupçonne d'ailleurs de boire après le travail. À moins de vouloir prendre un risque énorme, cette faille dans la sécurité implique l'abandon de l'opération… après presque deux ans de préparation.

Juste au moment où il va se résoudre à annoncer la nouvelle à son supérieur, Harris reçoit un coup de téléphone du bureau des objets trouvés de Scotland Yard. On a retrouvé une valise qui contient des papiers parlant apparemment de communication sans fil. D'après un témoignage, il y a aussi une bouteille de bière dans la mallette. L'agent de police veut savoir si les documents sont importants et, si oui, si quelqu'un peut venir les chercher, car lui-même est en manque de personnel. Harris en personne fonce chercher les plans. Il apprend qu'ils ont été apportés par un chauffeur de taxi, qui a trouvé la mallette à l'arrière de son véhicule après avoir déposé un passager légèrement éméché à la gare de Waterloo.

* * *

Les autorités britanniques ont pu se tenir bien informées des mouvements de troupes allemands de l'autre côté de la Manche grâce à une ruse d'une simplicité désarmante : des agents de renseignement français se déguisaient en blanchisseurs.

Ces blanchisseurs français se sont taillé une réputation de prix bas et de service de qualité. Ils travaillent pour la plupart des divisions allemandes dans la région de la Manche. Il faut dire que pendant leur avancée, les troupes allemandes déploient un zèle religieux pour prendre livraison de leur linge, laissant même une adresse pour les pièces qui ne sont pas prêtes. Comme le raconte un témoin : « L'armée allemande était peut-être prête à monter au Valhalla, mais pas sans son linge. »

Cette surveillance révèle que peu avant le jour J, les divisions Panzer SS basées ailleurs en France et entre Anvers et Bruxelles ne bougent pas. Cela indique qu'elles sont toujours bernées par le plan de désinformation allié qui les pousse à croire à une invasion plus à l'est, vers Calais.

* * *

Le choix de la date du débarquement reposait sur les épaules de trois équipes de deux météorologues : celle du British Meteorological Office, celle de la Royal Navy et celle de l'armée américaine.

Le 3 juin, les deux équipes britanniques prévoyant du mauvais temps pour le 5, jour initialement prévu pour le débarquement, veulent repousser l'opération au 6. Les Américains ne sont pas d'accord, et tentent même de forcer les prévisionnistes à modifier leurs conclusions. Les Anglais tiennent bon. Bien leur en prend : le 5, il souffle un vent de force 6 et la mer est forte.

Les organisateurs sont sur le fil du rasoir. Si le débarquement n'a pas lieu le 6 juin, il devra être remis au 19 juin, date de la prochaine grande marée. Heureusement, le 4, une éclaircie persuade les météorologues que les conditions seront favorables le 6. Ils donnent leur feu vert. Le jour J, le soleil se lève sur un ciel radieux et une mer calme.

Peu de gens ont compris à l'époque combien l'alerte avait été chaude. Lawrence Hogben, l'un des deux seuls prévisionnistes encore en vie, a raconté en 2004 que s'il avait été moins sûr de lui et avait choisi de reporter au 19, le dénouement aurait été une « catastrophe absolue ». « Il se trouve que le 17, nous avons tous prévu des conditions presque parfaites pour le 19. L'opération aurait donc été lancée. » En fait, ce jour-là, la tempête du siècle s'abattit sur la Manche. « S'ils avaient débarqué ce jour-là, je doute que beaucoup de barges auraient atteint les plages. Je n'ose même pas y penser. »

* * *

Au début de l'invasion de l'ouest en mai 1940, la curieuse décision d'Hitler de stopper l'avancée rapide de ses chars alors qu'ils ont acculé le gros de l'armée britannique dans la poche de Dunkerque marque peut-être le tournant de la guerre. Le moment où l'Allemagne commence à perdre.

S'il avait poussé son avantage et écrasé les forces alliées, le pouvoir de résistance de l'Angleterre aurait pu être, comme celui de la

France, complètement neutralisé, et la guerre terminée.

En tout état de cause, le 24 mai, tout juste quinze jours après l'entrée en France et aux Pays-Bas des forces allemandes dans une avancée presque sans heurt vers la Manche, et avec quatre divisions de Panzers au canal de l'Aa, à vingt kilomètres de Dunkerque, Hitler prend la stupéfiante décision d'ordonner à ses commandants de chars d'arrêter l'offensive. La décision mystifie encore à ce jour les historiens de la Seconde Guerre mondiale.

Le temps qu'il reprenne l'effort deux jours plus tard, le périmètre de Dunkerque est suffisamment renforcé par les Alliés pour leur permettre de résister. Il est trop tard. Lors du « miracle » de Dunkerque qui se déploie sur les onze jours suivants, les Alliés parviennent à évacuer 338 000 hommes, qui seront envoyés en Afrique du Nord et amorceront le mouvement qui mettra fin à la guerre cinq ans plus tard.

Les témoins ont donné à la décision d'Hitler des raisons diverses, qui relèvent toutes d'erreurs de jugement flagrantes. Son adjudant a dit qu'Hitler pensait que les Anglais se battraient jusqu'à manquer de munitions, puis abandonneraient, cédant aux Nazis un énorme trésor en prisonniers de guerre à utiliser dans les négociations de paix.

À son aide de camp, cependant, Hitler aurait dit : « Il est toujours bon de laisser une armée brisée rentrer chez elle pour montrer à la population civile la raclée qu'elle a reçue. » Pour son adjoint, Bormann, c'est son ambivalence bien connue envers l'Angleterre qui est au cœur de cette décision. Il aurait volontairement laissé les Anglais s'échapper, mais aurait été déçu de la réaction, se plaignant que Churchill « ait été incapable d'apprécier l'esprit chevaleresque dont j'avais fait preuve en me retenant de creuser une brèche irréparable entre les Anglais et nous-mêmes ».

Quelles que soient ses vraies raisons, cette décision calamiteuse, même si elle mettra du temps à révéler toutes ses conséquences, est peut-être bien le pivot de toute la guerre.

* * *

Malgré le revers de Dunkerque, les projets hitlériens d'invasion de la Grande-Bretagne sont peut-être passés à une journée ou deux de la réussite. Une boulette stratégique de Goering dans la gestion de la bataille d'Angleterre a donné à la Royal Air Force le temps de parer l'attaque.

Au milieu du mois de juillet 1940, Hitler programme le lancement de l'opération Sealion pour le 15 septembre. L'offensive aérienne sur les bases de la RAF dans le sud de l'Angleterre se poursuit sans relâche pendant sept semaines, c'est-à-dire tout l'été. Les pertes avoisinent deux avions anglais abattus pour un avion allemand. Le 6 septembre, la RAF est au bord de l'épuisement. Cette journée est décisive. L'Angleterre a appris, grâce au déchiffrage du code allemand, qu'une flotte d'invasion se rassemble. Même si la Luftwaffe subit de fortes pertes dans les batailles aériennes au-dessus du Kent, quelques jours de plus pourraient anéantir les derniers terrains d'aviation et priver l'Angleterre de sa couverture aérienne.

Mais dans la nuit du 6 septembre, inexplicablement, Goering change la cible des attaques allemandes et se met à viser, au lieu des terrains et usines d'aviation, la ville de Londres. Cette nuit-là, soixante-huit bombardiers attaquent la ville. La nuit suivante a lieu le premier raid massif, avec plus de cinq cent cinquante bombardiers.

Les bombardements se poursuivirent encore cinquante-sept nuits d'affilée, plongeant la capitale dans le chaos. Ils donnent aussi à la RAF un repos vital. La force croissante de l'opposition aérienne oblige Hitler à remettre temporairement l'invasion au 17 septembre. Trois semaines plus tard, il l'annule purement et simplement.

À quel point les Anglais sont-ils passés près de perdre leur couverture aérienne et d'ouvrir la route à l'invasion ? Quelle en aurait été la conséquence sur l'effondrement des forces alliées ? Cette question demeure l'un des « Et si… ? » les plus fascinants de la Seconde Guerre mondiale.

* * *

Au bout de deux ans de guerre, peu de temps avant Pearl Harbor, alors que l'Angleterre se bat seule et que l'isolationnisme américain semble plus ancré que jamais, les services de renseignement britannique réussissent à berner le président Roosevelt et à le pousser à engager l'Amérique dans l'effort de guerre contre le nazisme… grâce à une carte truquée.

En octobre 1941, Roosevelt reçoit une carte de l'Occident, visiblement allemande, par l'intermédiaire de son chef du renseignement qui dirige la future CIA. On y voit l'Amérique du Sud réorganisée en quatre super-États et des bases allemandes en Amérique centrale, à portée de bombardier du Texas et de la Floride. Dans un discours national prononcé le 27 octobre, le président dévoile l'existence de cette carte : « J'ai en ma possession une carte secrète, dessinée en Allemagne par les planificateurs du nouvel ordre mondial… Les experts géographes de Berlin, déclare-t-il à un pays stupéfait, ont oblitéré sans ménagement toutes les frontières existantes, plaçant tout le continent sous leur domination… Cette carte montre clairement les desseins des Nazis non seulement contre l'Amérique du Sud mais aussi contre les États-Unis. »

La nouvelle soulève la colère. L'opinion publique se modifie rapidement en Amérique. Une semaine plus tard, le Sénat abroge la loi de neutralité et la Chambre des Représentants, jusque-là le plus fort bastion de l'isolationnisme, ne tarde pas à suivre. Cela libère les mains de Roosevelt pour mener des opérations secrètes contre les sous-marins allemands dans l'Atlantique, aux côtés des Britanniques.

La carte a fonctionné. On n'a su que dans les années soixante qu'elle était issue d'un groupe spécial des services secrets britanniques, basé dans la Station M, une fabrique de faux située près de Toronto, au Canada.

Mais ce coup de maître s'avérera superflu : il est éclipsé à peine quarante jours plus tard par l'attaque qui force l'Amérique à entrer dans le conflit.

* * *

Avant l'attaque japonaise du 7 décembre 1941, la base de Pearl Harbor est passée à côté de nombreuses mises en garde qui auraient pu nettement atténuer les conséquences de la catastrophe.

Les agences de renseignement américaines savaient depuis longtemps déchiffrer les codes militaires japonais. Le 6 décembre, elles interceptent 13 paragraphes sur 14 d'un message top secret entre Tokyo et l'ambassade japonaise à Washington. La dernière section est décodée à Washington à 8 heures du matin le 7 décembre (2 heures du matin à Pearl Harbor). Elle demande aux diplomates de présenter une note au Département d'État à l'heure du déjeuner pour rejeter la requête que les États-

Unis avaient déposée auprès du Japon pour qu'il se retire de Chine. Dès que le ministre de la Guerre, le général Marshall, la voit, il comprend que c'est une déclaration de guerre.

Toutefois, il faut quelques heures à Marshall pour prendre connaissance de cette lettre. Ses subordonnés ont reçu l'ordre très strict de ne pas le déranger en dehors des heures de service. C'est un dimanche. Ils attendent donc qu'il ait terminé sa promenade à cheval matinale et qu'il soit arrivé à son bureau, en milieu de matinée.

Comprenant la portée du message, Marshall ordonne que des mises en garde soient envoyées à toutes les bases de la côte ouest et du Pacifique (il est impossible de prévoir précisément où aura lieu la première attaque). Elles sont envoyées à 12 h 01, heure de Washington (6 h 01 à Pearl Harbor : encore presque deux heures avant la première frappe aérienne japonaise).

Les messages atteignent toutes les bases prévues… sauf Pearl Harbor. De mauvaises conditions météo empêchent tout contact, si bien que l'avertissement doit être recodé et envoyé sous forme de télégramme à San Francisco, puis renvoyé par radio jusqu'à Honolulu. Il n'arrive pas avant 11 h 45, presque deux heures après la fin de l'attaque. Le messager qui emporte le message de la compagnie des télégraphes jusqu'à la base s'excuse de son retard auprès du commandant, expliquant qu'il a dû s'abriter du raid.

Sur place, toute la matinée, les occasions manquées de prévoir l'attaque s'accumulent. À 3h30 du matin, un dragueur de mines stationné devant l'entrée du port repère et tire sur un périscope (il s'agit en fait de l'un des mini sous-marins déployés par les Japonais). Il rapporte l'incident, qui n'est pas jugé significatif. Au point que lorsque le dragueur de mines rentre au port, les filets anti-sous-marins ouverts pour le laisser passer ne sont pas refermés, laissant l'entrée du port entièrement vulnérable.

Deux autres mini sous-marins sont repérés à 6 h 45 et 7 heures aux environs de l'entrée du port. Deux sont visés par des grenades anti-sous-marines et sans doute détruits.

Le manque de coordination des rapports d'activité empêche de faire le lien entre ces incidents et de mysté- rieuses observations radar faites juste après 7 heures du matin dans une station au bout de l'île d'Oahu, à 40 km au nord de Pearl Harbor. Les écrans radar montrent une vaste formation aérienne à environ 160 km au nord, qui se rapproche rapidement. Les hommes signalent cette observation par radio à la base, mais comme le petit déjeuner vient de commencer, il n'y a que deux hommes de quart : un opérateur et un officier. L'officier, un certain Kermit Tyler, lieutenant en entraînement dans l'US Army Corps, répond au téléphone et dit aux opérateurs radar : « Ne vous en faites donc pas. » Il suppose que ce sont des avions américains rentrant du continent.

Les observateurs radar s'en vont eux-mêmes prendre leur petit déjeuner. Presque une heure de perdue.

La surprise totale de l'attaque aggrave énormément les pertes et les dégâts matériels. Aucune préparation défensive n'a eu lieu. Tous les navires de guerre de la flotte du Pacifique, sauf un, sont à l'ancre dans le port. Tous seront coulés ou gravement endommagés : 15 vaisseaux et croiseurs de guerre majeurs et 3 vaisseaux de soutien. 2 403 militaires et civils perdent la vie, et on dénombre plus de 1 000 blessés.

* * *

Un autre petit tour du destin, toutefois, travaille en faveur de l'Amérique ce jour-là. Heureusement pour ses futurs projets sur la scène du Pacifique, les trois porte-avions de la marine sont en manœuvres ce jour-là. S'ils avaient été pris dans la destruction, l'avenir aurait pu être bien différent. Pendant les quatre années à venir, les porte-avions deviendront la clé du succès final. Leur absence au port le jour de l'attaque aura été le seul coup de chance de cette journée de terrible malchance.

* * *

La chute de Singapour, la base militaire anglaise la plus importante en Asie du Sud-Est, en février 1942, a été décrite par les historiens comme la défaite la plus coûteuse et humiliante de l'histoire impériale britannique. Elle résulte pourtant d'une série de fiascos dont la plupart auraient pu être évités.

L'effondrement de la « Gibraltar de l'Extrême-Orient », que l'on pensait imprenable, avec si peu de résistance, aiguillonne les Japonais et marque le déclin historique du pouvoir britannique dans la région. C'est une étape importante sur le chemin de l'indépendance de l'Inde, et le début de l'ascension du Japon comme force militaire et économique.

Étonnamment, à aucun moment les Japonais ne sont supérieurs en nombre. Ils n'ont pas non plus beaucoup de moyens de transport motorisés : ils arrivent sur des bicyclettes bon marché. L'attitude des autorités britanniques n'aide pas non plus. Elles doutent du courage des Japonais, principalement en raison de préjugés racistes contre la nation des « petits Jaunes ». Comme le disait l'attaché militaire britannique : « Nos gars placent le Jap quelque part entre l'Italien et l'Afghan. »

Lorsque les Japonais arrivent de Malaisie, au nord, Singapour est sans défense : tous les canons sont pointés vers la mer, car personne n'a prévu une invasion venue de l'autre côté.

Un témoin racontera que le gérant du club de golf refuse de laisser placer des canons sur ses *greens* sans l'aval de son conseil d'administration, et que des manœuvres de défense urgentes sont retardées de plus d'une semaine en raison d'un désaccord sur les salaires des *coolies* locaux. Alors que les bombes s'abattent sur la ville, l'éclairage des rues reste allumé car personne ne sait où est la clé de l'interrupteur principal. La Poste coupe même les appels téléphoniques en direction du front au bout des trois minutes règlementaires en tant de guerre.

Les Japonais conquièrent l'île « forteresse » en tout juste six jours. Ils font 85 000 prisonniers de guerre. Dans son journal, le commandant japonais Tomoyuki Yamashita écrira : « Mon attaque sur Singapour fut un coup de bluff. J'avais 30 000 hommes, moins de un contre trois… J'avais extrêmement peur que les Anglais ne découvrent notre faiblesse numérique et notre manque de matériel, et qu'ils m'obligent à de désastreux combats de rue. Mais ils n'en ont rien fait. Mon coup de bluff a fonctionné. »

* * *

L'un des premiers signes montrant qu'Hitler se doutait qu'il était en train de perdre la guerre est apparu un an après son invasion de la Russie… dans la fumée d'un cigare.

En juin 1942, il rend une visite surprise au maréchal Carl Mannerheim, à la tête de la Finlande également en guerre contre l'armée soviétique. Le prétexte de la visite est le soixante-quinzième anniversaire du maréchal, mais elle doit surtout symboliser l'alliance de leurs forces.

Ils se retrouvent dans un wagon de train exigu, sur le front finno-soviétique. Mais Mannerheim découvre une vérité profonde en allumant un cigare en présence du Führer. Hitler est connu pour abhorrer la fumée. Or Mannerheim lui souffle délibérément la sienne au visage. Les aides de camp se figent, tétanisés, dans l'attente de sa réaction. Hitler ne dit rien. Mannerheim en déduit que la guerre est en train de mal tourner pour l'Allemagne. En ne cillant pas, Hitler trahit sa faiblesse. Il a besoin que les Finnois poursuivent leur effort, et ne peut pas se permettre de se mettre à dos leur chef de guerre.

À l'issue de la rencontre, Mannerheim n'avait plus de doutes sur le dénouement du conflit germano-soviétique.

* * *

Les Allemands avaient prévu de faire sauter Paris après le Débarquement. La ville ne doit son salut qu'à l'officier de transmission, amateur d'art et grand francophile, qui était de garde la nuit où l'ordre arriva de Berlin.

Le soir du 22 août 1944, les Alliés sont encore à deux jours de Paris. Hitler envoie un télégramme au commandant de la ville : « Paris ne doit tomber aux mains de l'ennemi que comme un champ de ruines. » Les experts en explosifs travaillent déjà fébrilement depuis des jours à poser des charges qui doivent détruire les quarante-cinq ponts de la ville, la tour Eiffel, le palais de l'Élysée et plusieurs cibles industrielles. En outre, les explosions doivent provoquer une tempête de feu qui détruira le cœur historique de Paris.

L'officier de transmission qui reçoit le télégramme au QG allemand à Paris est Ernst von Bressendorf, un jeune homme de vingt-six ans. Ce passionné d'art ne peut que frémir à l'idée d'un tel saccage. Sachant que les Alliés sont tout proches et que la guerre est perdue, mais aussi qu'une désobéissance frontale le mènerait au poteau d'exécution, il tarde le plus possible à transmettre le télégramme à son chef (qui, en Prussien strict, est connu pour obéir aux ordres sans poser de questions).

Le temps qu'il le fasse, son supérieur, le général Dietrich von Choltitz, s'est aussi persuadé de la futilité d'un tel acte. Paris est sauvé. Le 25 août, à leur arrivée, les Alliés trouvent la ville intacte.

Après la guerre, von Bressendorf travaille à la réconciliation des familles françaises et allemandes. Son vœu le plus cher était de vivre jusqu'au 50e anniversaire de la Libération, en 1994. Il était invité à la cérémonie de commémoration mais il décéda le 19 août, six jours avant.

* * *

À deux heures près, la tour de Pise aurait pu être détruite.

C'est un vétéran de la Cinquième Armée qui a raconté l'évènement pour la première fois en 1999. Juillet 1944 : le sergent Leon Weckstein reçoit l'ordre de déployer un détachement d'éclaireurs dans la tour, soupçonnée d'abriter des observateurs allemands au sommet pour diriger le feu de l'artillerie sur les forces américaines.

Son commandant, le colonel James Woods, lui a dit : « Si vous voyez des Allemands dans la tour, nous devrons la démolir. Nous perdons trop d'hommes. » Weckstein fait durer la mission le plus longtemps possible pour éviter d'avoir à faire son rapport. « J'avais cru voir des canons et des casques allemands entre les colonnes du sommet, mais je n'en étais pas absolument certain. J'étais donc hésitant. »

Il finit par rapporter qu'il n'y a pas d'Allemands en vue. Après deux heures de tension pendant lesquelles un simple message radio peut à tout instant anéantir la tour, Weckstein est rappelé, et l'attaque de la tour est annulée.

* * *

Le bombardement atomique d'Hiroshima en 1945 a peut-être été provoqué par l'erreur d'un interprète sur un seul mot dans un communiqué de presse japonais.

À la fin de la conférence de Potsdam, en juillet, les chefs alliés publient une déclaration exigeant la capitulation inconditionnelle du Japon. L'archipel, qui a prudemment commencé à tâter le terrain pour négocier la paix et espère perpétuer les contacts diplomatiques naissants, répond par le biais d'un communiqué de presse international : « pas de commentaire » sur cette demande.

Le mot japonais utilisé – *modusatsu* – a plusieurs nuances : ignorer, ne pas commenter ou même, dans certains contextes, rechercher un complément d'informations. L'interprète américain qui fournit la traduction au Secrétaire de la Guerre Stimson, conseiller du président Truman pour l'utilisation de la bombe atomique, choisit le sens « ignorer ». Face à cette apparente intransigeance, les Américains se raidissent et hâtent les préparatifs du bombardement d'Hiroshima. Si une autre nuance avait été préférée, la pression morale pour ne pas infliger cette arme terrifiante à des civils aurait pu être la plus forte.

* * *

La crainte que les Allemands fabriquent la bombe atomique était le cauchemar des gouvernements alliés pendant la Seconde Guerre mondiale. Après le conflit, il a été prouvé que les premières recherches des savants allemands les mettaient devant les Américains fin 1941.

Ils avaient deux prix Nobel qui travaillaient sur le programme : le codécouvreur de la fission nucléaire, Otto Hahn, et Werner Heisenberg qui, dès 1942, avait compris comment fabriquer un engin atomique.

Mais c'est l'estimation par les Allemands de la durée de la guerre – dix-huit mois au maximum, selon eux – qui les a incités à reléguer le programme atomique tout en bas de leurs priorités, derrière les programmes de missiles V1 et V2 et le développement du moteur à réaction. S'ils n'ont pas concentré leurs efforts sur la bombe, c'est parce qu'ils jugeaient que la guerre serait finie avant son achèvement.

Le temps que les chefs militaires allemands comprennent que la guerre allait durer, la pénurie de matériaux et les dommages infligés par les bombardements alliés les empêchèrent de réactiver le programme. L'occasion était passée.

Par une ironie du sort, c'est la menace d'une bombe allemande qui aiguillonna le projet Manhattan des Américains. Einstein, qui avait fui l'Allemagne nazie pour l'Amérique en raison de la politique antisémite d'Hitler, écrivit deux lettres au président Roosevelt en 1939 et 1940, dans lesquelles il détaillait les progrès que faisait l'Allemagne et le pressait d'investir de vastes ressources humaines et financières dans le nucléaire. Roosevelt s'exécuta.

* * *

Quand les scientifiques allemands eurent vent de l'effort américain, ils estimèrent qu'en consacrant les mêmes ressources à partir du point où ils avaient abandonné, ils auraient pu avoir la bombe fin 1944 ou début 1945 : six mois avant les Américains.

* * *

Nagasaki, détruite en 1945 par la deuxième bombe nucléaire larguée sur le Japon, a été victime de la météo.

C'est la ville de Kokura (210 000 habitants) – à environ 160 km au sud-ouest d'Hiroshima qui avait été dévastée trois jours plus tôt – qui devait être réduite en poussière le 9 août. Elle avait été choisie car elle recelait la plus grosse usine de munitions du Japon occidental. Ce complexe où travaillaient 12 000 personnes était le point de mire.

À 10 heures du matin, le bombardier B-29 est sur zone. Il fait trois tours au-dessus de la ville, trappe ouverte, mais les nuages et la fumée d'un bombardement survenu la veille lui cachent le sol. Il renonce donc et s'en va à Nagasaki, à une heure de là vers le sud. À 11 h 02, il largue la bombe. Quelque 74 000 personnes périssent immédiatement, et autant seront tuées plus tard par les effets à long terme.

Pour le soixantième anniversaire de la tragédie en 2005, Kokura a organisé une exposition commémorative. Elle s'intitulait : « Ce jour-là, s'il avait fait beau… »

* * *

Un projet japonais d'armes de destruction massive – des ballons apportant la peste et autres maladies mortelles jusqu'aux États-Unis après un vol transpacifique – n'a jamais abouti parce que les généraux japonais craignaient d'en subir le contrecoup. L'histoire de ce projet n'est sortie au grand jour qu'en 1987.

Fin 1944, alors que la guerre tourne mal pour le Japon, les scientifiques de l'Unité 731 – célèbre unité japonaise de recherche en guerre biologique – conçoivent un ballon de papier capable de transporter une bombe de très petite taille. Les engins doivent répandre la peste, l'anthrax, le typhus et autres maladies sur tout le territoire des États-Unis.

Lors d'un essai réalisé entre novembre 1944 et janvier 1945, le Japon envoie plus de 9 000 ballons vers le continent américain. Ceux-ci sont porteurs de dispositifs incendiaires. Seuls 10 % atteignent leur destination. Il n'y a que très peu de dégâts. Cinq enfants et un adulte sont tués par l'un d'entre eux dans l'Oregon (les seules victimes d'attaque sur le sol américain pendant le conflit), et plusieurs feux de forêt démarrent dans les États de la côte ouest. Les ballons se posent sur une vaste étendue comprise entre l'Alaska et le Canada ; quelques-uns vont même jusqu'à Chicago.

Si le dispositif est insuffisant pour causer beaucoup de dommages en l'état, il aurait pu avoir des effets catastrophiques pour l'Amérique s'il avait été chargé de sa cargaison biologique. Paradoxalement, c'est précisément ce risque qui met fin au projet. Les militaires japonais craignent que des vents contraires puissent dérouter des ballons mortels et les rabattre sur le Japon. Aucune bombe bactériologique ne sera jamais envoyée. Mais pendant l'hiver 1944-1945, le cœur de l'Amérique est passé tout près de la dévastation.

* * *

L'un des individus les plus recherchés de la guerre, Joseph Mengele, le médecin qui menait des expériences médicales sur des prisonniers du camp de concentration d'Auschwitz, a miraculeusement échappé aux recherches menées par les autorités alliées… grâce à – ou à cause de – son inextinguible vanité.

En juin 1945, un mois après la fin de la guerre, Mengele est détenu par les forces alliées, avec des milliers d'autres Allemands, dans un camp en Bavière. Il y est inscrit sous son vrai nom. Mais il n'est pas repéré parce qu'il ne peut pas formellement être identifié comme un membre des SS. Lorsqu'il a rejoint la force d'élite en 1938, il a en effet refusé que son groupe sanguin soit tatoué sur son torse ou son bras, comme on l'exigeait des nouvelles recrues. D'après sa femme, il était à tel point obsédé par son corps, en particulier par la douceur de sa peau – il avait l'habitude de se tenir devant un miroir en pied pour admirer sa perfection – qu'il ne voulait le voir souillé d'aucune façon.

L'absence de ce tatouage révélateur, que recherchent activement tous les soldats américains, lui sauve littéralement la peau. Sans le savoir, les Alliés relâchent Mengele au mois de septembre.

Celui-ci n'a aucune idée de sa chance. Deux mois avant sa capture, il a été officiellement déclaré criminel de guerre. Mais dans la confusion du moment, l'information n'est pas arrivée jusqu'aux camps de transit à temps pour qu'il soit arrêté.

Après-guerre, il parviendra à se fondre dans la vie civile allemande pendant quatre ans, puis passera discrètement en Argentine en 1949. Il réussit à vivre encore trente années dans diverses cachettes sud-américaines, et meurt pendant une baignade au Brésil en février 1979. Un fait qui ne sera rendu public qu'en 1992.

* * *

En octobre 1999, on a découvert dans le sud de la Hongrie qu'un pont était encore bourré d'explosifs datant de la Seconde Guerre mondiale.

Le village de Holloshaza a été le cadre d'importants combats au moment où l'armée d'invasion soviétique remontait vers Budapest. Lors de leur retraite, les Allemands prévoyaient de faire sauter le pont, mais ils ont fui avant, laissant les explosifs en place. Le pont a ensuite servi pendant cinquante-cinq ans avant que les fils ne soient repérés.

* * *

La guerre de Corée, entre 1950 et 1953, a été le premier conflit militaire de la Guerre Froide. Officiellement, elle n'est toujours pas conclue à ce jour. Bizarrement, il se peut que ce soient les États-Unis qui aient, involontairement, poussé la Corée du Nord à envahir le Sud en juin 1950.

En janvier de cette année-là, Dean Acheson, Secrétaire d'État, prononce un discours dans lequel il définit la politique de sécurité américaine dans l'Est asiatique. Il est en apparence précis : « Notre périmètre défensif va des îles Aléoutiennes (au large de l'Alaska) au Japon en passant par Okinawa et jusqu'aux Philippines… En ce qui concerne la sécurité militaire des autres zones, il doit être clairement dit que personne ne peut les garantir contre une attaque militaire. »

Sa description exclut la péninsule de Corée, dont toutes les forces américaines se sont retirées un an plus tôt. Les historiens débattent encore pour savoir si le discours a surtout encouragé le Nord à lancer son assaut, ou motivé les chefs du Sud, qui se sentaient désormais exposés à la menace communiste, pour forcer les États-Unis à revenir les soutenir dans leur défense.

Quoi qu'il en soit, cinq mois après les remarques d'Acheson, les deux Corée étaient en guerre, bientôt suivies des troupes américaines et chinoises.

* * *

Ce type de négligence trouve des échos dans l'invasion du Koweït en 1990 par Saddam Hussein.

Alors que la pression irakienne sur le Koweït se durcit en juillet de cette année, l'ambassadrice américaine à Bagdad, April Glaspie, est convoquée en urgence à une audience avec Saddam Hussein. N'ayant pas le temps de consulter Washington pour prendre des ordres précis, elle s'en tient à une ligne générale conciliante.

Elle dit à Saddam Hussein que les États-Unis sont « sans opinion sur les différends inter-arabes tels que le conflit de frontière avec le Koweït ». Tout en précisant également que les États-Unis ne pourraient excuser une résolution de conflit qui ne passerait pas par des moyens pacifiques, elle n'est pas en mesure de soutenir ses vues par une menace d'intervention américaine en cas d'hostilités, Washington ne lui ayant pas donné l'autorité pour le faire.

Il semble que Saddam ait interprété ce message comme le signe que les États-Unis n'interviendraient pas. Huit jours plus tard, il envahissait le Koweït.

* * *

Les historiens s'accordent à le dire : jamais le monde n'est passé plus près de la guerre nucléaire que lors de la crise des missiles cubains, en 1962.

Alors que la tension monte, la moindre erreur de jugement peut aboutir au désastre : le 22 octobre, huitième jour de la crise, les États-Unis sont passés au troisième plus haut degré d'alerte ; ils ont des B-52 armés de bombes nucléaires dans le ciel, prêts à attaquer l'Union soviétique.

On ne l'a su que trente ans plus tard, mais c'est bien ce qui a failli se produire. Ce jour-là, au-dessus de la péninsule du Kamchatka en Sibérie, un B-52 s'égare dans l'espace aérien soviétique. Deux avions de chasse MIG-17 sont lancés à sa poursuite avec ordre de l'abattre. Le général Boris Surikov, un officiel du ministère de la Défense, se rappelle que la rencontre était suivie sur les écrans radar à Moscou. « Je voyais deux points verts – les MIG – et un rouge – le B-52 – se rapprocher régulièrement.

Personne [...] ne doutait que si le point rouge disparaissait de l'écran, ce serait le début de la guerre atomique. Alors que les points n'étaient plus qu'à 50 kilomètres, les deux verts firent soudain demi-tour. »

Il s'avère qu'ils étaient à court de carburant. En supposant que leur vitesse de vol était proche du maximum, 1 150 km/h, ils n'étaient qu'à deux minutes et demie de leur cible.

* * *

En 2002, une alerte encore plus chaude a été révélée. Les actes d'un seul officier soviétique ont sans doute évité l'éclatement accidentel d'une guerre nucléaire.

Le 27 octobre 1962, veille du jour où les autorités soviétiques acceptent de retirer leurs missiles de Cuba, la tension est à son maximum. Une reconnaissance par satellite montre que les missiles nucléaires installés sur l'île sont pleinement opérationnels et quelques heures plus tôt, un avion espion U2 américain a été abattu au-dessus de la Sibérie.

Au large de Cuba, un vaisseau américain, l'*USS Beale*, a rencontré un sous-marin soviétique et lancé une attaque avec des charges de profondeur. Ce qu'il ignore, c'est que le sous-marin est armé d'une torpille nucléaire. À bord, l'équipage soviétique croit que la guerre a éclaté et enclenche la procédure de lancement de ses armes atomiques. Les trois officiers à bord sont contraints de prendre cette décision sans avoir reçu aucun ordre de Moscou.

D'après le témoignage donné pour la première fois par un marin qui a assisté au chaos dans le sous-marin, le capitaine Valentin Savitski et un autre officier se décident en faveur du lancement. Le troisième, Valentin Arkhipov, refuse. Il parvient à calmer Savitski, à le persuader de faire surface et à désamorcer la crise.

À l'instant même où ces évènements se produisent en mer, Kennedy et Khrouchtchev scellent l'accord qui met fin à l'impasse du conflit. Le résultat est annoncé le lendemain matin.

* * *

Sur le sol américain, plusieurs alertes auraient pu déclencher la catastrophe dans l'ambiance de panique exacerbée provoquée par la crise des missiles.

Le 26 octobre 1962, un test de routine impliquant le lancement d'un missile balistique intercontinental est mené sur la base aérienne militaire de Vandenberg, en Californie, alors que la crise approche de son paroxysme.

Personne n'a songé à annuler la manœuvre en raison des circonstances. Bien qu'elle ne soit pas armée, la base est au deuxième niveau d'alerte, et tous les autres missiles en attente ont été armés de têtes nucléaires. Heureusement, l'Union soviétique ne détecte pas le lancement. Sinon, elle aurait pu en conclure que l'Amérique lançait la première attaque.

L'incident le plus étrange a lieu dans la nuit du 25 octobre, lorsqu'une sentinelle de garde sur une base proche de Duluth (Minnesota) repère un intrus qui tente d'escalader la clôture d'enceinte et tire sur lui.

L'alarme est donnée dans toute la base et, conformément à un accord de synchronisation, transmise à toutes les bases des environs. Mais à Volk Field, dans le Wisconsin, c'est le mauvais signal qui résonne : l'alarme indiquant que la guerre nucléaire a commencé. Comme on a dit aux pilotes qu'il n'y aurait pas d'exercice pendant la crise, ils réagissent comme ils étaient entraînés à le faire. Ils font déjà rouler leurs avions bardés d'armes nucléaires sur la piste lorsque le commandant de la base, qui a eu la présence d'esprit d'appeler Duluth, annule la riposte. Il doit envoyer sa voiture de fonction faire des appels de phare sur la piste pour empêcher les décollages.

Le matin de l'incident du *Beale* raconté ci-dessus, une alerte étrange s'est déjà produite. Elle est provoquée par une manœuvre de routine menée dans une station radar d'alerte précoce à Moorestown (New Jersey).

Celle-ci diffuse une bande test qui simule une attaque de missiles en provenance des Caraïbes. Au même moment, ce que l'on identifiera plus tard comme un satellite espion américain aux intentions pacifiques est détecté sur sa route normale au-dessus de Cuba. Par une coïncidence potentiellement fatale, il apparaît exactement au même endroit et au même moment que la simulation d'un missile ennemi. Lorsque le test s'achève, l'objet est toujours là. D'après le journal de bord de la station, les opérateurs vont « confondre » la réalité et l'exercice. Ils notifient au commandement central que l'Amérique est attaquée par Cuba et que le missile apparent a pour cible Tampa (Floride), où il doit s'écraser deux minutes plus tard. La cellule de crise consacrée à l'affaire des missiles est prévenue que la guerre a commencé. Voyant qu'il ne se passe rien au bout de deux minutes, la station commence à comprendre son erreur. D'autres stations d'observation se mettent à confirmer la véritable identité du mystérieux objet. Fort heureusement, pour cette fois, le haut commandement militaire n'a même pas eu le temps de réagir.

* * *

Ce qui a le plus terrifié l'Amérique durant la Guerre Froide – le « bomber gap » du milieu des années 1950, qui coûta un milliard de dollars pour rattraper le retard pris sur les Soviétiques – reposait sur une menace absolument inexistante inventée de toute pièce par le Kremlin pour berner les États-Unis.

En 1954, lors du défilé du 1er mai sur la place Rouge, l'apparition d'un nouveau bombardier à longue portée, le M-4 Bison, n'est pas jugée significative sur le moment. L'avion est visiblement un prototype qui ne sera pas prêt avant 1960 au plus tôt. Mais Washington s'affole quatorze mois plus tard, en juillet 1955, lorsque l'attaché militaire américain est invité à une démonstration de la force aérienne de l'armée Rouge. Un spectacle monté à l'aéroport de Moscou stupéfie le diplomate : les avions y sont bien plus nombreux que l'Amérique ne l'avait cru. Il envoie des messages alarmés au Pentagone et à la CIA, qui révisent catégoriquement leurs suppositions sur la stratégie soviétique. Alors que les Américains se concentraient sur les missiles, les Soviets semblent se concentrer sur le bombardier à longue portée pour larguer des armes nucléaires. Et l'Amérique est terriblement en retard dans ce domaine. La presse ébruite bientôt l'estimation révisée, ce qui déclenche une enquête du Sénat. L'administration Eisenhower doit trouver 928 millions de dollars pour acheter bien plus de B-52 que prévu.

En réalité, l'attaché a été très simplement, mais très intelligemment, berné. Lors du défilé aérien des Bisons, tout ce qu'il a vu est un petit nombre d'avions qui allaient faire demi-tour hors de vue et repassaient encore et encore, pour donner l'impression d'une vaste flotte.

Cette ruse coûte aux Américains un milliard de dollars, mais finit par se retourner contre les Soviets : les États-Unis se retrouvent au final bien plus puissants dans les airs qu'ils n'avaient jamais eu l'intention de l'être. À la fin des années 1950, des avions espions découvrent des silos montrant qu'en réalité, la véritable force soviétique reposait bien dans ses missiles intercontinentaux.

Une dimension encore plus surréaliste de la menace des bombardiers a fait surface en 1994 lorsque l'adjoint en chef de la force aérienne stratégique russe a révélé que pendant toute la Guerre Froide, pour des raisons de sécurité, les avions militaires soviétiques ne volaient jamais avec d'authentiques armes nucléaires… mais avec des leurres. Explosant le mythe de la menace de bombardements aériens, Anatoli Soloviav a écrit dans la presse russe que le personnel au sol était entraîné à charger des armes réelles, mais les remplaçait toujours par des fausses pour les vols. C'était « une décision raisonnable pour ne pas exposer nous-mêmes et les autres à des risques excessifs ».

* * *

L'Amérique et la Grande-Bretagne ont toutes deux manqué une occasion d'acquérir les secrets du programme de missiles nucléaires soviétique au début de la Guerre Froide. Ce coup de maître aurait entièrement modifié le cours de la lutte pour le superpouvoir. L'histoire n'est sortie des archives des services de sécurité russes qu'en 2001.

En août 1949, peu après que l'Union soviétique a réussi sa première explosion nucléaire, Alexandre Orlov, jeune recrue de vingt-sept ans d'une équipe de recherche secrète, approche l'ambassade américaine. Il souhaite lui vendre une copie de tout le programme de missiles soviétique sur quinze ans. Les méthodes normales de renseignement américaines reposent sur des stations d'écoute à distance qui interceptent les tests de missiles et déduisent l'avancement du programme grâce aux données recueillies. Lui dispose de tous les plans techniques, y compris des plans de missiles intercontinentaux et peut-être même des développements et lancements de satellites.

Il tente d'attirer l'attention en rôdant devant l'ambassade. Il jette même un message par la fenêtre entrouverte d'une voiture de l'ambassade, mais personne ne lui répond. Il essaye alors l'ambassade britannique, allant jusqu'à se glisser dans l'enceinte par une nuit de septembre 1950. Mais aucune trace de contact ou d'incident n'est enregistrée. Quatre jours plus tard, il est arrêté par le KGB. Il est exécuté un an après, officiellement pour haute trahison et espionnage à la solde des services secrets britanniques.

À l'époque, l'Occident ne savait à peu près rien des intentions et des capacités soviétiques, ce qui rend le mystère encore plus épais : pourquoi n'a-t-il pas sauté sur l'occasion en or présentée par Alexandre Orlov ?

* * *

Si un plan mis au point par des physiciens nucléaires britanniques avait été accepté, la défense européenne contre les attaques au sol soviétiques pendant la Guerre Froide aurait bien pu reposer entièrement… sur des poulets.

Le projet de mines tactiques nucléaires Blue Peacock (Paon Bleu) est conçu pour arrêter une avancée ennemie à travers l'Allemagne. Les charges de sept tonnes, moitié moins puissantes que la charge qui détruisit Nagasaki, doivent être déployées sur des points stratégiques si une invasion est jugée imminente. La production des dix premières mines est décidée en juillet 1957. Le problème est de maintenir l'intérieur des bombes à une température suffisante pour qu'elles fonctionnent en hiver. Les concepteurs proposent de les remplir de poulets vivants, avec assez de nourriture et d'eau pour une semaine, la durée de vie des armes. Leur température corporelle fournira la chaleur nécessaire.

L'idée ne sera jamais mise en pratique. Le ministère de la Défense abandonne le projet en février 1958.

* * *

En 1971, l'Amérique entière a été informée d'une attaque nucléaire imminente… qu'elle a royalement ignorée.

Le 20 février, un technicien du système d'alerte d'urgence américain, créé pour diffuser des alarmes nationales en cas d'attaque nucléaire, envoie par erreur un message test sous le mot de passe indiquant une alerte authentique. Plus de 2 500 stations de radio et de télévision le reçoivent. Ce message les enjoint d'interrompre immédiatement les programmes pour demander aux auditeurs de se tenir prêts à écouter une intervention présidentielle.

L'erreur n'est comprise qu'au bout de vingt-six minutes. Un message rectificatif est alors envoyé, mais sans le bon mot de passe. Il faudra encore quarante minutes pour que soit envoyé un message avec le bon mot de passe, signifiant qu'il s'agissait d'une fausse alerte.

Heureusement, ses destinataires n'ont pratiquement rien fait. La presse décrira ensuite un véritable festival d'erreurs. Beaucoup de stations de radio n'ont consulté leurs télex que des heures après l'envoi du message, et ont poursuivi leurs programmes sans se douter de rien. D'autres écoutaient les stations concurrentes pour savoir qui réagirait en premier. Le correspondant du *Times* de Londres écrit : « Une ou deux ont cessé d'émettre mais n'ont pas eu le cœur de dire à leurs auditeurs que la guerre mondiale était sur le point de commencer. »

Certains auditeurs avaient souvenir du canular d'Orson Welles, *La Guerre des Mondes*, qui avait provoqué une panique nationale en 1938. Cette fois, rien de tel. L'absence de réaction a d'ailleurs vivement inquiété les responsables de la défense civile au Pentagone. L'un d'eux a avoué qu'il s'était toujours demandé ce qui se passerait dans le cas d'une telle alerte. Au moins, il était fixé.

* * *

Un autre incident alarmant eut lieu en novembre 1979.

Le conseiller à la Sécurité nationale de Jimmy Carter, Zbigniew Brzezinski, reçoit en pleine nuit un appel téléphonique de son adjoint, le colonel William Odom. Celui- ci rapporte que d'après les systèmes d'alerte du pays, l'Union soviétique vient de lancer 220 missiles intercontinentaux sur les États-Unis.

Peu après, Odom rappelle pour confirmer la mauvaise nouvelle et préciser que le nombre correct est de 2 200 missiles. C'est l'attaque nucléaire totale tant redoutée. Juste avant le moment où il doit prendre les ordres de Carter, qui aura eu entre trois et sept minutes pour prendre une décision, Odom rappelle une troisième fois pour dire qu'il s'agit d'une erreur. Un technicien a lancé dans l'ordinateur une bande d'exercice utilisée pour simuler des jeux de guerre.

* * *

Le monde a frôlé une guerre accidentelle en 1983.

À l'époque, la stabilité de l'Union soviétique commence à chanceler. En trente mois qui se sont écoulés depuis la mort de Léonid Brejnev, dernier homme fort du communisme, l'URSS a changé trois fois de dirigeant. Les autorités soviétiques sont effrayées par la solidité apparente du bloc occidental, mené de front par Ronald Reagan et Margaret Thatcher.

Alors que la nouvelle tête des Soviets, Youri Andropov, assume difficilement le pouvoir, Reagan fait son discours sur l'« empire du mal » puis, en mars 1983, annonce sa stratégie de « guerre des étoiles », une initiative de défense stratégique visant à équiper l'Amérique d'une puissance suffisante pour abattre les missiles arrivant de l'espace. Quand, en septembre, les Soviétiques abattent un avion de ligne coréen qui s'est égaré dans l'espace aérien de Sibérie, la tension ne fait que s'intensifier.

Les Soviets sont aussi au courant que l'Otan a prévu un grand exercice militaire début novembre, pour tester la coordination des procédures destinées à activer la guerre nucléaire. Dans cette atmosphère fébrile, on craint de plus en plus que cet exercice soit une feinte cachant une attaque réelle. Une soudaine explosion des flux de communications entre la Grande-Bretagne et les États-Unis, fin octobre, soulève des soupçons sérieux à Moscou.

En fait, ce torrent de messages ne représente pas du tout un accroissement de la collaboration, bien au contraire : la Grande-Bretagne réagit en fait à l'invasion américaine de l'île de Grenade dans les Caraïbes (île du Commonwealth), le 25 octobre, invasion dont le gouvernement britannique n'a pas été informé.

Les analystes soviétiques, qui pouvaient déterminer l'échelle mais pas le contenu du trafic, n'avaient pas de raison de soupçonner que ce changement soudain était dû à une âpre dispute entre les deux États.

* * *

En mars 2001, un ancien agent de la CIA révélait qu'une campagne de désinformation de l'agence, dans les années soixante, s'était retournée contre elle.

Raymond Garthoff raconte que le FBI et l'armée américaine se sont lancés, au milieu des années soixante, dans une campagne pour amener l'Union soviétique à penser que les États-Unis avaient fabriqué des armes de destruction massive chimiques et biologiques. Le Pentagone avait en réalité conclu que ce projet dont la réalisation posait trop de problèmes conduisait à une impasse. Le plan était de pousser les communistes à gaspiller des milliards de roubles avant d'arriver à la même conclusion.

Le complot se retourne lorsque les Soviétiques réussissent là où les États-Unis ont échoué. En quelques années, des souches de variole et d'anthrax résistant aux différents traitements deviennent les nouveaux fers de lance de l'arsenal soviétique.

L'ironie augmente lorsque, avec l'effondrement de l'Union soviétique, les experts chevronnés et les stocks de germes deviennent vulnérables à des offres extérieures. La prolifération vers des « États voyous », cauchemar de la première décennie du XXIe siècle, remonte donc directement à une idée conçue par les Américains un demi-siècle auparavant.

* * *

Des armes à l'anthrax actives ont reposé sans être dérangées dans un musée norvégien pendant soixante ans.

Ces armes, qui remontent à la Première Guerre mondiale, faisaient partie de l'une des attaques biologiques les plus précoces et les plus curieuses au monde. En 1917, un mercenaire suédois, le baron Otto von Rosen, est envoyé par les services secrets allemands pour saboter les lignes de ravitaillement arctiques des Britanniques vers la Russie. Il est armé de 19 morceaux de sucre contaminés, qu'il doit donner aux chevaux et aux rennes utilisés pour tirer les traîneaux de matériel depuis les ports septentrionaux de la Norvège, à travers la Scandinavie, jusqu'en Russie.

Il est capturé, et deux des cubes sont exposés au musée de la Police de Trondheim. Ils y resteront jusqu'en 1997, date à laquelle un officiel inquiet les envoie pour analyse à un laboratoire britannique spécialisé dans la guerre bactériologique. Les spores retrouvées étaient encore bien vivantes.

* * *

Un conflit long de douze ans, la Guerre du Seau de Chêne, a éclaté entre deux États du nord de l'Italie en 1325 lorsqu'un régiment de soldats de Modène franchit la frontière de Bologne… pour voler un seau. Des milliers de personnes moururent avant que la paix ne revienne. Aujourd'hui, le seau volé peut encore être vu dans le clocher de la cathédrale de Modène.

En juillet 1969, une guerre a duré un week-end entre le Salvador et le Honduras… à cause d'un match de foot.

Cet été-là, le Salvador bat le Honduras 3-0 dans un match retour de qualification pour la coupe du Monde disputé au Salvador. À l'aller, le Honduras a gagné 1-0. Le match se joue dans une ambiance extrêmement tendue. Pendant les hymnes nationaux avant le match, au lieu du drapeau hondurien – qui a déjà été brûlé devant les spectateurs – les hôtes amènent un vieux chiffon sale.

Après la victoire, des émeutes éclatent au Honduras contre les 300 000 Salvadoriens qui y ont émigré pour trouver du travail. Beaucoup d'entre eux doivent rentrer chez eux. La tension continue de monter, au point que le Salvador envahit le Honduras. Six mille personnes sont tuées ou blessées avant le cessez-le-feu.

* * *

Ce n'était pas la première fois que deux pays d'Amérique latine entraient en guerre pour une broutille.

En 1932, un timbre postal imprimé par le Paraguay pousse la Bolivie voisine à l'invasion. Il représente une carte du pays sur laquelle la région de Chaco, très disputée, est marquée comme appartenant au Paraguay. Pour ajouter à l'injure, une devise enfonce le clou : « Depuis toujours et pour toujours. »

La Bolivie attaque, commence par gagner puis s'effondre. Pendant les trois ans de guerre qui s'ensuivent, le Paraguay regagne la majeure partie du territoire. Le conflit aura fait un millier de morts.

SCIENCE : INSPIRATION, INVENTION, INTRIGUE

Le stéthoscope fut inventé en 1816 par le médecin français René Laennec grâce à une jeune patiente un peu enrobée.

Laennec se doutait que la femme souffrait d'une affection cardiaque. Il n'osait pas adopter la méthode d'examen habituelle, qui consistait à poser son oreille sur la poitrine nue de la femme. Son « haut degré » d'embonpoint empêchait aussi l'autre méthode en vigueur : poser la main sur son buste. Il improvisa en utilisant un journal roulé, et découvrit avec stupéfaction que cela amplifiait l'effet sonore.

Il conçut alors un tube en bois long de trente centimètres : le stéthoscope était né.

* * *

Le Digicode, cet élément indispensable de la sécurité moderne, a été inspiré à son inventeur, le Français Bob Carrière, par Popeye.

À la fin des années soixante, il regarde avec ses enfants un dessin animé du célèbre marin.

Il y voit un cuisinier verrouillant son frigo à l'aide d'un cadran de téléphone et d'un numéro de code. Carrière se dit que ce pourrait être utile pour verrouiller une porte sans avoir besoin de transporter une clé. Au lieu d'un cadran, qui risque de prendre trop de temps à déverrouiller, il s'inspire de sa machine à écrire et invente un boîtier à douze touches, qu'il fait breveter en 1970 : le Digicode est né.

Il se répand rapidement dans les immeubles parisiens. Le triomphe de Carrière survient lorsque le géant de l'informatique IBM lui commande cent cinquante pièces pour protéger ses sites. La technologie du clavier numérique utilisée pour les portes s'étend bientôt à toutes sortes d'engins automatiques : distributeurs de boissons, distributeurs de billets…

Et tout cela grâce à un dessin animé pour enfants. Carrière est mort en 2007, après avoir vendu la société Digicode en 1995.

* * *

Sylvan Goldman, un épicier d'Oklahoma City, a eu l'idée du chariot de supermarché en 1936, en observant que ses clients avaient tendance à s'arrêter dans leurs courses, non parce qu'ils avaient tout ce qu'il leur fallait, mais parce que leurs paniers devenaient trop lourds.

L'idée d'un chariot à roulettes lui vient dans son bureau alors qu'il regardait une chaise pliante. Il fait breveter un chariot emboîtable, en forme de berceau, l'année suivante. Mais il se heurte à la résistance des clients : les hommes trouvent l'appareil efféminé, les femmes le trouvaient laid (et trop ressemblant à un berceau).

Le coup de génie de Goldman est alors d'embaucher des mannequins de tout âge. Il les fait passer pour des clientes et les fait déambuler dans son magasin avec les chariots. La ruse fonctionne et, par bouche à oreille, s'étend dans le pays. Goldman gagnera plus de 400 millions de dollars avec ses chariots.

* * *

L'inventeur suisse du Velcro, George de Mestral, a été inspiré lors d'une promenade dans le Jura en 1941, en voyant son chien couvert de graines de bardane.

En essayant de les retirer, il est intrigué par leur accrochage tenace. Il emporte l'un des fruits dans son laboratoire amateur et, sous le microscope, repère les minuscules crochets qui permettent à la bardane de s'accrocher à n'importe quelle surface moelleuse.

Il fait breveter le Velcro en 1955, en combinant les mots « velours » et « crochet ».

* * *

Le Post-it, si répandu de nos jours, est une invention fortuite née des besoins d'un choriste d'église et d'une expérience ratée par un de ses collègues du travail.

1974 : Art Fry, chimiste à la compagnie 3M, dans le Minnesota, s'agace de perdre sans cesse sa page dans son livre de chant à l'église. Il utilise des bandes de papier pour marquer les hymnes, mais le dimanche il chante deux messes. Fréquemment, ses marque-pages tombent pendant la première et ne lui servent plus à rien pour la deuxième. C'est exaspérant.

Un jour, Fry repense à une concoction étrange qu'un collègue chez 3M a produite six ans plus tôt et mise de côté car personne ne lui trouvait d'usage pratique. Spencer Silver a en effet trouvé une colle qui ne colle pas. Fry passe un an et demi à chercher comment l'appliquer sur ses morceaux de papier pour produire un marque-page qui reste en place quand on en a besoin mais qui puisse être retiré sans abîmer la page ensuite.

En 1977, Fry maîtrise les aspects techniques et le concept de la note repositionnable. La première année, les ventes sont nulles, et l'invention jugée un échec commercial : les gens ne sont pas prêts à payer pour un produit qui visiblement ne sert à rien. Des échantillons gratuits sont alors envoyés dans les bureaux pour un nouvel essai. Là, les employés leur trouvent une multitude d'utilisation auxquelles on n'avait jamais pensé. Une fois les usages pratiques découverts, le Post-it, relancé commercialement en 1980, devient un incontournable de la vie de bureau.

* * *

L'adhésif réutilisable Blu-tack, plus connu eu Europe sous le nom de Patafix, a été créé absolument par hasard.

En 1971, la firme Bostic tente de développer des joints étanches. Elle aboutit à un matériau trop collant, trop épais et pas assez adhésif. Mais en jouant avec, les cadres de l'entreprise le trouvent pratique pour accrocher des annonces aux murs du bureau. On remarque ensuite que quand une annonce tombe, la matière est encore collante et peut être réutilisée. On passe à la commercialisation, et le produit devient un autre incontournable de la vie de bureau.

La substance d'origine était blanche. Elle fut colorée en bleu de peur que des enfants la prennent pour un bonbon : il n'existait pas de bonbons bleus à l'époque.

* * *

La cheville plastique – celle qui permet de fixer solidement les vis dans les murs – n'existe qu'à cause des inquiétudes du British Museum sur la fragilité de son décor.

En 1919, l'ingénieur John Rawlings est engagé pour installer des éclairages aux murs du musée, le plus discrètement possible et sans endommager les surfaces historiques des murs.

La méthode traditionnelle consistait à creuser un trou dans la maçonnerie et à le garnir d'une cheville de bois plein, qui retenait fermement la vis dans le mur. Rawlins se voit interdire cette technique. Il invente donc la cheville creuse (les premières étaient en laiton, remplies d'un mélange de chanvre et de ficelle). Sa société commence la fabrication en 1920. C'est la fin de la cheville de bois.

* * *

On doit le pansement prédécoupé à la maladresse de l'épouse d'un acheteur de coton.

L'acheteur, Earle Dickson, travaillait pour la compagnie Johnson & Johnson, une fabrique de compresses et de bandes adhésives. En 1920, sa vie de jeune marié est affectée par les fréquents accidents de sa femme en cuisine. À l'époque, on fait un pansement en appliquant une compresse sur la blessure et en la fixant à l'aide de bandes adhésives. Mais Mme Dickson en a si fréquemment besoin que Earle prépare les pansements à l'avance. Il déroule une longue bande adhésive et, à intervalles réguliers, pose un petit morceau de compresse dessus. Chaque fois que Mme Dickson se blesse, elle n'a qu'à couper un morceau d'adhésif garni d'une compresse. Earle comprend soudain l'intérêt de son idée. Le pansement est né.

L'année suivante, Johnson & Johnson produit sa première version commerciale. Leurs concurrents Smith & Nephew sortent leur « Elastoplast » trois ans plus tard.

Earle Dickson est devenu vice-président de Johnson & Johnson. L'histoire ne dit pas si Mme Dickson a fini par maîtriser l'art de cuisiner sans se blesser.

* * *

En 1849, Walter Hunt, un mécanicien de New York, a inventé l'épingle de sûreté, en tout juste trois heures, pour payer une dette mineure.

Ne voyant aucune valeur commerciale dans son idée, il accepta de vendre tous les droits pour 400 $ à un ami à qui il en devait quinze, et se réjouit d'avoir réalisé au passage un profit de 385 $.

L'ami et futur fabricant devait, lui, récolter des millions.

* * *

William Herschel, l'homme qui découvrit la dernière planète du système solaire en 1781, aurait pu lui donner son nom… sans l'enthousiasme excessif du roi George III.

En apprenant la découverte, le roi accorde une pension à cet émigré d'origine allemande. Herschel se sent obligé de lui rendre la politesse et déclare que la nouvelle planète s'appellera

Georgium Sidus, en l'honneur du monarque. Naturellement, ce choix crispe les astronomes non britanniques. Au point que certains se mettent à appeler la planète « Herschel ».

Pendant quarante ans, les deux noms seront employés. Finalement, l'idée de baptiser une planète du nom d'un monarque britannique se révèle insupportable pour les astronomes continentaux. Quelques années après la mort de Herschel en 1822, l'idée alternative de Johann Bode, qui a confirmé la découverte en 1781, prévaut. Il avait proposé Uranus, établissant un lien avec la dernière planète découverte, Saturne (père de Jupiter). La planète suivante devait donc être Uranus, père de Saturne.

* * *

Raph Alpher, le physicien américain à l'origine de la théorie du Big Bang, est tombé dans les oubliettes de la science à cause d'un mauvais calembour de son patron.

En avril 1948, il est le premier à détailler le modèle mathématique montrant comment le Big Bang a déclenché toutes les réactions à l'origine des éléments chimiques. Il jouit d'une célébrité fugace, et quelques mois plus tard son superviseur à l'université George Washington, George Gamow, le pousse à publier un deuxième article – sur le fait que les radiations du Big Bang doivent encore être détectables.

Bien qu'Alpher ait fait tout le travail, Gamow, lui-même physicien réputé, trouve alors amusant d'ajouter son nom et celui d'un autre célèbre savant, Hans Beth, en bas de l'article. Leurs trois noms accolés (Alpher, Bete, Gammow) se prononcent en effet comme le début de l'alphabet grec – alpha, beta, gamma –, ce qu'il trouve fort amusant pour un article décrivant les débuts de l'univers.

Malheureusement pour Alpher, les deux autres noms étant mondialement célèbres, la communauté scientifique suppose alors que ce sont eux qui ont mené l'essentiel des recherches. Son rôle central dans la découverte est rapidement oublié. En 1964, deux astronomes détectent la radiation prédite par Alpher, ce qui confirme la théorie du Big Bang… et reçoivent le prix Nobel. Sa propre contribution passe complètement à la trappe. Il tentera amèrement de revendiquer sa découverte, en vain.

Entre-temps, Alpher, désabusé, a abandonné le champ scientifique et a passé l'essentiel de sa carrière dans le département Recherche et Développement de la société General Electric. Il est mort dans l'oubli en 2007.

* * *

L'invention par Eli Whitney, en 1793, de l'égreneuse à coton a révolutionné la culture de la plante en résolvant le principal obstacle à la production de masse : séparer les fibres des graines. Le traitement manuel rendait le coton extrêmement coûteux et difficile à produire, mais la dextérité nécessaire pour séparer les composants semblait impossible à recréer mécaniquement.

La question fut résolue par l'observation. Whitney fut inspiré en regardant un chat griffer un poulet mort et n'arracher que les plumes. Simple à fabriquer, l'égreneuse à coton – un cylindre pivotant couvert de clous qui tournait pour tirer le coton à travers de petits trous – permettait à un opérateur seul de traiter vingt-cinq kilos de coton par jour au lieu d'un seul.

* * *

L'ingénieur Marc Isambard Brunel a inventé la première foreuse mécanique permettant de creuser des tunnels sous des rivières en 1818 après avoir observé des tarets, insectes foreurs de bois bien connus, qui creusaient leurs galeries avec leur bouche tout en protégeant leur tête de la pression des matériaux s'effondrant autour d'eux.

Il conçut un appareil ingénieusement encadré de fer, qui protégeait les travailleurs contre les éboulis pendant qu'ils avançaient dans des fonds instables. Il l'utilisa pour creuser le premier tunnel au monde sous l'eau, le tunnel de la Tamise. Le forage dura dix-huit ans, de 1825 à 1843. Le tunnel est encore en usage aujourd'hui.

* * *

L'essor du chemin de fer en Grande-Bretagne n'aurait sans doute pas été aussi rapide si George Stephenson n'avait pas menti volontairement au Parlement.

Après l'inauguration du premier chemin de fer, les entrepreneurs faisaient pleuvoir les propositions. Un comité parlementaire enquêta de près sur ce nouveau moyen de locomotion. Leur principal sujet d'inquiétude était la rapidité : on craignait que des vitesses trop élevées puissent infliger aux passagers des blessures physiques ou mentales.

Stephenson mentit en racontant au comité qu'aucun moteur ne pourrait jamais dépasser trente kilomètres/heure. Il savait qu'il était déjà possible d'atteindre au moins le double de cette vitesse.

S'il avait été honnête, il aurait conforté le Parlement dans ses craintes. Or, cette expansion rapide a apporté au pays des changements économiques et sociaux inédits au cours des trente années suivantes… qui auraient sans doute eu un tout autre visage sans son mensonge.

* * *

Thomas Edison, l'inventeur de l'éclairage électrique, a lui aussi usé de tromperie pure et simple pour faire avancer sa cause. Sans cela, il n'aurait jamais réuni les fonds nécessaires pour développer ses idées jusqu'à un niveau commercial.

En 1878, il approche la banque new-yorkaise J.P. Morgan. Il sollicite 50 000 $ pour équiper le laboratoire dont il a besoin pour fabriquer une ampoule électrique utilisable sur le marché. Si c'était faisable, cela représenterait une fortune pour les investisseurs. Mais peu y croient. La banque échoue à vendre les parts de sa compagnie. Edison ment alors à des journalistes de New York en leur disant qu'il a déjà inventé l'appareil. Cela fait pencher la balance, les parts s'arrachent et Edison obtient ses 50 000 $.

Il va lui falloir un an, à raison de 20 heures de travail par jour, pour concevoir la première ampoule. Celle-ci rapportera une fortune à tous les actionnaires. Mais sans ce mensonge, il n'aurait peut-être jamais pu aller jusqu'au bout… et nous n'aurions peut-être jamais eu d'ampoule électrique.

* * *

Après cinq années d'expérimentations ratées, Charles Goodyear a découvert le procédé de fabrication du caoutchouc en mentant à sa femme.

Un jour de 1839, il est en train d'essayer une nouvelle idée – mélanger du soufre au caoutchouc – lorsque Clarissa rentre chez elle à l'improviste. Le couple étant dans une situation financière désastreuse, Charles lui avait promis de cesser ses vaines expériences pour trouver un vrai travail. En l'entendant rentrer, il fourre son matériel dans le poêle.

En revenant plus tard dans la cuisine pour le récupérer, il découvre que la chaleur du four a modifié les propriétés du matériau. C'était l'astuce qu'il cherchait. Il vient de découvrir le principe de la vulcanisation qui rend le caoutchouc naturel résistant aux changements de température (le caoutchouc non vulcanisé fondait à la chaleur et se cassait au froid), puis adaptable à toutes sortes d'usages pratiques.

Il lui faudra encore cinq ans pour mettre au point précisément les processus indispensables à une exploitation industrielle de son invention. Il la fait breveter en 1844. Mais s'il n'avait pas tenté de se cacher de sa femme ?

* * *

Une autre scène de ménage a permis au chimiste allemand Christian Schönbein d'inventer les explosifs modernes.

En 1845, Schönbein fait une expérience dans sa cuisine à l'insu de son épouse qui le lui interdisait. Il renverse par accident une mixture d'acide nitrique et d'acide sulfurique. Il se sert alors du tablier en coton de sa femme pour éponger les dégâts. Mais quand il le raccroche, celui-ci prend feu spontanément en séchant.

Sans le savoir, il a converti la cellulose du tablier de coton en nitrocellulose. En chauffant et en séchant, celle-ci s'oxyde de manière spectaculaire. Il faudra encore plusieurs décennies avant que l'on trouve comment fabriquer ce matériau sans risque ; mais dans les années 1890, le fulmicoton ou coton-poudre remplace la poudre comme base des munitions militaires modernes.

* * *

Aujourd'hui, le nom d'Elisha Gray ne nous dit rien. Pourtant, il aurait pu être aussi célèbre que celui d'Alexander Graham Bell. Car il est prouvé que Gray est le véritable inventeur du téléphone. Simplement, il a raté sa présentation et a joué de malchance.

L'appareil imaginé par Gray était meilleur que celui de Bell. Les deux hommes déposent leur brevet le même jour, à la Saint-Valentin 1876. Gray a quelques heures de retard sur Bell, et son brevet tient davantage de la note d'intention détaillée que de la description technique complète. La méthode indiquée est tout de même assez convaincante pour que Gray puisse revendiquer l'invention du téléphone.

Les officiels décident d'examiner en détail les travaux des deux candidats pour déterminer lequel sera le véritable père de l'invention. En attendant, Gray reste chez lui à Chicago alors que Bell, plus agressif, fait tout le chemin depuis l'Ontario (où il a émigré de son Écosse natale) jusqu'à Washington pour défendre personnellement son dossier.

Par hasard, l'officiel que voit Bell a beaucoup de points communs avec lui. Il est sourd et muet. Or Bell, à la suite de son père, s'était intéressé à l'apprentissage de la parole chez les sourds-muets. D'après un témoignage, l'officiel montre à Bell le plan de Gray, qui dispose d'une meilleure méthode de transmission du son. Bell recopie le mécanisme de Gray dans la marge de son propre brevet. Ce mécanisme sera installé sur son premier téléphone fabriqué.

Le bureau des brevets tranche en faveur de Bell. Gray découvre par la suite les additions douteuses de Bell, tente de contester la licence devant la justice, mais finit par accepter un accord à l'amiable : contre une modeste compensation financière, il renonce à toute revendication.

Deux épilogues curieux à cette histoire ont été révélés ces dernières années. En juin 2002, le Congrès américain a voté une résolution qui reconnaissait officiellement pour inventeur véritable un immigré italo-américain, Antonio Meucci. Il aurait conçu un modèle fonctionnel dès 1870 – six ans avant Bell et Gray – et déposé une patente en 1871. Il était simplement trop pauvre pour la renouveler à son expiration en

1874, ce qui allait permettre à Bell de triompher deux ans plus tard.

Encore plus curieux : le Science Museum de Londres a annoncé en 2003 avoir trouvé dans ses archives des preuves qu'un téléphone avait été inventé en 1863 par un Allemand, Philipp Reis. L'engin a été testé en mars 1947 par des ingénieurs de la compagnie britannique Standard Telephone and Cables, et a fait la preuve de son efficacité. Reis était donc le véritable père du téléphone. Toutefois, les résultats ont été annulés par le directeur de la STC parce que la compagnie était justement en pleine négociation avec la compagnie de téléphone américaine (AT&T, un prolongement de la société fondée par Bell) et ne souhaitait pas mettre en péril ce contrat. Tous les dossiers relatifs à ces tests ont alors été mis sous clé dans les archives de la STC, puis rendus au Science Museum en 1955, où ils devaient rester enterrés pendant encore un demi-siècle.

* * *

L'invention du commutateur automatique, qui allait éliminer la présence des opératrices téléphoniques, est due à des motifs curieux et bien peu philanthropiques.

Almon Strowger, un employé des pompes funèbres, soupçonnait une opératrice locale de détourner les appels de clients vers l'entreprise de son mari (ou, selon certaines versions de l'histoire, de son amant), un concurrent direct.

Or, Strowger était également électricien amateur. Pour remédier au problème, il fit breveter le commutateur automatique en 1891. Le premier central téléphonique automatique au monde fut instauré dans sa ville de La Porte (Indiana) l'année suivante. Il cessa de pester contre les appels détournés et les affaires perdues, car il mourut riche dix ans plus tard.

* * *

L'invention du phonographe est une conséquence directe et inattendue de celle du téléphone.

En effet, très rapidement, de nombreux clients commencent à réclamer une manière de garder la trace de leurs conversations. Pendant l'été 1877, Thomas Edison – l'autre grand inventeur de l'époque – est en train de bricoler des émetteurs téléphoniques lorsqu'il remarque que le diaphragme du micro vibre en tandem avec le son. Il fixe un stylet au micro et constate que s'il crie devant, le stylet creuse un sillon unique sur du papier gommé placé en dessous. Il peut alors rejouer le même son.

À partir de là, il élabore le cylindre de cire, qui va devenir le précurseur du disque vinyle. L'intention d'origine est simplement de remplacer le papier comme support d'archivage pour les accords et contrats. En pratique, la cire est fragile, l'enregistrement de mauvaise qualité et le tout ne peut survivre à de trop nombreux transits par courrier. Les fabricants de l'appareil lui cherchent alors de nouvelles applications. En 1889, le premier phonographe à pièces est installé dans une galerie commerciale de San Francisco. Pour cinq *cents*, on peut écouter un enregistrement musical de deux minutes. À la grande surprise du fabricant, cette machine rapporte mille dollars en cinq mois. L'industrie de la musique enregistrée est née.

En 1894, le disque 78-tours est commercialisé. En cinq ans, presque trois millions de disques sont vendus aux États-Unis, et la musique enregistrée devient la distraction la plus populaire de tous les temps.

* * *

Le nom de James Swinburne aurait été plus connu s'il n'avait pas péché par excès de prudence.

Ce chimiste écossais de quarante-neuf ans avait élaboré le processus de création du premier plastique au monde dans son laboratoire de Londres, en 1907. Lorsqu'il alla déposer son invention, il découvrit qu'il avait été coiffé au poteau par le Belge Léo Baekeland, qui avait inventé sa propre version, la Bakélite. Baekeland avait reçu le brevet pour son produit… la veille.

* * *

L'inventeur de la bouteille Thermos ne voyait pas d'application commerciale pour son idée, qu'il n'a jamais fait breveter. Son assistant, en revanche, en a fait de l'or.

C'est en 1892 que James Dewar invente un récipient à double paroi qui conserve son contenu à température constante. Ce chimiste, pionnier de la liquéfaction des gaz, n'en a besoin que pour des raisons purement scientifiques.

L'un de ses étudiants, Reinhold Burger, sait déceler le potentiel commercial de l'invention. Il commence à fabriquer des bouteilles d'usage domestique en Allemagne en 1904, sous le nom déposé *Thermos*, « chaleur » en grec. La société Thermos, qui détient toujours les droits de l'invention, gagne des millions avec cette idée depuis.

James Dewar restera toute sa vie chercheur en chimie à Cambridge. Il co-inventera la cordite explosive et finira pair du royaume, mais ne deviendra jamais très riche.

* * *

En 1897, l'héroïne était… un remède contre la toux. La même année, son inventeur, Heinrich Dreser, du laboratoire pharmaceutique allemand Bayer, a aussi créé l'aspirine, qu'il trouvait moins efficace. D'après ses notes, il craignait que l'aspirine soit contre-productive à cause d'un effet « affaiblissant » sur le cœur. En revanche, l'autre substance, qu'il testait sur lui-même et ses collègues, avait selon lui un effet « héroïque ».

Sans plus de tests, le médicament est commercialisé en novembre 1898 sous le nom d'Héroïne. La publicité la vante comme dix fois plus efficace contre le rhume que la codéine, avec dix fois moins d'effets secondaires, et proclame qu'elle combat mieux la douleur que la morphine. C'est le remède miracle de l'époque.

Au bout d'un an, on trouve de l'héroïne dans toutes sortes d'élixirs médicinaux : pilules, pastilles contre la toux, comprimés effervescents. Elle est particulièrement populaire aux États-Unis. Une publication médicale qui fait autorité à Boston la décrit en 1900 comme offrant « des avantages multiples par rapport à la morphine. Pas d'effet hypnotique, pas de danger d'accoutumance. » Six ans plus tard, au moins cent quatre-vingts études cliniques ont été publiées dans le monde, presque toutes favorables.

Cependant, des rapports commencent à affluer sur des patients devenus « insensibles » à la nouvelle drogue, qui réclament des doses de plus en plus fortes. Il faut attendre 1913 pour que Bayer cesse de l'utiliser dans ses médicaments. Entre-temps, les hôpitaux américains ont vu arriver une foule de patients souffrant d'un nouveau phénomène d'addiction de masse… hallucinant.

Ole Evinrude a inventé le premier moteur extérieur de bateau parce que sa petite amie lui avait demandé une glace.

En 1906, d'après son propre récit, cet immigrant norvégien installé dans le Wisconsin est en vacances sur une île du lac Michigan. Il se retrouve obligé de parcourir huit kilomètres à la rame, par une température de plus de trente degrés, pour aller chercher une glace que lui a réclamée sa fiancée. À son retour, la glace est fondue.

Dès l'été suivant, il a déjà inventé un moteur d'un cheval et demi pesant vingt-huit kilos. Après l'avoir perfectionné, il dépose en 1911 son brevet et s'associe avec un fabricant. Il continuera à développer des moteurs de plus en plus puissants jusqu'à sa mort en 1934.

* * *

D'après des recherches publiées en 1998, c'est sans doute un obscur mathématicien britannique qui, le premier, a développé le concept de la relativité générale, au moins quarante ans avant Albert Einstein.

Les notes retrouvées d'un certain William Kingdon Clifford, professeur à l'University College de Londres, montrent que dans les années 1870 il avait formulé les mêmes concepts de relation entre l'espace, la matière et la gravité qu'Einstein en 1915.

Clifford était un prodige mathématique et devint professeur à vingt-six ans. Il est tombé dans l'oubli parce que ses collègues, décontenancés par ses idées originales, le considéraient comme un hurluberlu peu digne de foi. En outre, il est mort à trente-trois ans de la tuberculose ; en 1879... précisément onze jours avant la naissance d'Einstein.

Si Clifford avait vécu plus longtemps, il aurait peut-être développé d'autres idées au-delà de la théorie que nous appelons aujourd'hui la relativité. Comme l'a fait remarquer un défenseur de sa cause en 1998 : « Imaginez ce qui aurait pu être accompli si un Clifford d'âge mûr avait rencontré le jeune Einstein. »

* * *

Alexander Fleming a découvert la pénicilline en 1922 parce qu'il avait un rhume.

Ce bactériologiste préparait des boîtes de cultures pour une expérience sans aucun rapport, quand une goutte tomba de son nez dans une boîte. Contrarié d'avoir gâché sa culture, il la mit de côté. Il remarqua quelques jours plus tard que le mucus avait tué les bactéries dans la boîte partout où il était entré en contact avec. Fleming, intrigué isola l'agent actif du mucus – le lysozyme, substance antibactérienne qui se trouve dans la salive et le mucus nasal – mais celui-ci n'étant pas assez fort contre la bactérie qui rendait les humains malades, il abandonna l'idée.

Celle-ci n'aurait peut-être jamais ressuscité si le hasard n'était pas de nouveau intervenu en 1928. Fleming avait cultivé des staphylocoques dans des boîtes qu'il laissa sur sa paillasse pour partir en vacances. D'après une version de l'histoire, son assistant laissa la fenêtre ouverte une nuit. Il découvrit à son retour que les boîtes étaient contaminées par la moisissure. Là où celle-ci avait poussé, elle avait détruit les bactéries. Il s'agissait d'une moisissure rare, *Penicillium*, cultivée dans le laboratoire en dessous de celui de Fleming. Par un incroyable coup du hasard, des spores avaient migré d'un laboratoire à l'autre.

Fleming reconnut là un effet antibactérien similaire à sa première découverte accidentelle, six ans plus tôt. Cela le poussa à identifier la moisissure, mais n'étant pas chimiste, il n'entreprit pas grand-chose pour poursuivre plus loin ses recherches. Il ignorait absolument qu'il venait de faire l'une des découvertes médicales les plus précieuses du XXe siècle.

Il fallut attendre 1940 pour que d'autres, en s'appuyant sur les notes de Fleming, développent la pénicilline comme médicament utilisable.

* * *

Frank Whittle, l'inventeur du moteur à réaction, a déposé son premier plan opérationnel alors qu'il était instructeur de vol à la RAF en 1930, à l'âge précoce de vingt-deux ans. Si la Royal Air Force avait exploité l'idée dans la foulée, qui sait jusqu'où la possession d'avions de chasse à réaction aurait affecté l'équilibre militaire face à l'Allemagne dans les années trente ? Mais à l'époque, l'idée n'intéressait personne.

D'une manière incroyable, non seulement le ministère ne manifeste alors aucun intérêt, mais en plus les autorités omettent de garder le secret sur le brevet. En 1932, celui-ci est publié.

L'Allemagne (en août 1939) et l'Italie (en août 1940) devancent ensuite la Grande-Bretagne pour développer les premiers avions à réaction. Il faut attendre juin 1939 pour que la compagnie Gloster demande à élaborer un appareil expérimental. Deux ans plus tard, en mai 1941, le Gloster E28/39 vole avec succès.

Ironie du sort, c'est l'époque des pénuries de guerre qui empêchent le perfectionnement de l'avion presque jusqu'à la fin de la guerre. Finalement, en 1944, le bimoteur Meteor fait son apparition. Que se serait-il passé sinon ?

* * *

C'est un plagiat d'un genre plus sinistre qui a permis à la Russie soviétique d'obtenir son premier bombardier nucléaire à longue portée après la Seconde Guerre mondiale.

À l'époque, seuls les États-Unis ont la capacité de larguer une arme nucléaire. Ils l'ont fait deux fois au Japon en 1945, pour mettre fin à la guerre en utilisant leur bombardier stratégique B-29 Superfortress. Alors que l'alliance de guerre se désintègre, un Staline anxieux apprend qu'on lui a fait un cadeau en or. Trois B-29 ont fait des atterrissages forcés fin 1944 à Vladivostock – tout à l'est de la Sibérie. Ils ont choisi le territoire soviétique plutôt que chinois, croyant encore que la Russie était un allié. Cette erreur va s'avérer calamiteuse.

On n'a su qu'en 2001 que le grand créateur d'avions de Staline, Andrei Tupolev, avait démonté un B-29 rivet par rivet et photographié chacune de ses 105 000 pièces. Il fit 40 000 dessins et conçut une version russe, le Tu-4, exhibé au défilé aérien de Moscou dès août 1947. Ses espions dans le domaine atomique étant également actifs, deux ans plus tard Staline avait aussi sa bombe nucléaire. Sa position stratégique face à l'Ouest était désormais assurée.

* * *

Sans un accident tragique, la Grande-Bretagne pourrait se vanter d'avoir organisé le premier vol d'un engin plus lourd que l'air motorisé et piloté.

En 1896, Percy Sinclair Pilcher, qui teste depuis longtemps des planeurs dans le petit village d'Eynsford, dans le Kent, expose ses idées dans son extraordinaire Patente 9144, considérée par les historiens de l'aviation comme le premier plan concret d'aéronef à moteur.

Dès l'été 1899, il a conçu un moteur assez léger et puissant pour faire voler l'avion. À l'époque, les frères Wright commencent tout juste leurs expériences avec des planeurs. Le moteur de Pilcher développe quatre chevaux et ne pèse que dix-huit kilos. Il engage alors un ingénieur pour le construire.

Mais tout près du but, le destin intervient. Pilcher, qui tient à faire personnellement la démonstration de ses machines, accepte l'invitation d'un ami, Lord Brayne, à exhiber son planeur le *Hawk*, chez lui dans le Leicestershire. Le 30 septembre 1899, il vole à dix mètres de haut lorsqu'une petite traverse se brise dans la queue de l'aéronef. Pilcher s'écrase au sol et est gravement blessé. Il restera pendant deux jours entre la vie et la mort, avant de décéder le 2 octobre, à l'âge de trente-deux ans.

Dès lors, ce sont les Américains Wright qui entreront dans l'histoire avec le premier vol d'un engin motorisé plus lourd que l'air.

Comme pour retourner le couteau dans la plaie, des enthousiastes anglais ont construit une réplique du *Hawk* en 2003, pour marquer le centenaire du premier vol humain. Elle a volé pendant trente-huit secondes… trois fois plus que le premier effort des Wright.

* * *

Toujours en 2003, à la même occasion, une reconstitution par ordinateur de l'avion des Wright a révélé que leur vol était passé tout près de la catastrophe. Il n'a réussi que grâce à une météo clémente et… à une erreur de calcul.

La simulation informatique était une exigence de sécurité de l'Institut américain d'aéronautique et d'astronautique avant de faire revoler une réplique exacte de l'avion des Wright. Les analystes ont alors découvert que l'appareil avait volé uniquement parce que l'hélice était plus efficace que prévu par Wilbur Wright. En outre, le vent soufflait dans la bonne direction et précisément à la bonne vitesse.

L'avion des Wright pesait trente-cinq kilos de plus que prévu, mais a été sauvé par la performance imprévue de l'hélice. Résultat : la réplique devrait voler beaucoup plus rapidement que les 48 km/h de l'essai historique.

Finalement, en raison de mauvaises conditions météo, la réplique n'a pas décollé du tout le jour de la commémoration, le 17 décembre 2003.

* * *

James Chadwick, l'un des plus grands pionniers de la science nucléaire, est devenu physicien par erreur.

À l'âge de seize ans, en 1907, il veut se lancer dans des études de mathématiques à l'université de Manchester. Mais il prend la mauvaise file d'attente et se retrouve inscrit en physique. S'il reste, c'est parce qu'il est très impressionné par le professeur avec qui il passe son entretien : Ernest Rutherford, qui travaillera plus tard sur la structure de l'atome. Chadwick continue de travailler avec lui pendant la plus grande partie de sa carrière, découvre les bases des structures atomiques et identifie le neutron en 1932. Pendant la Seconde Guerre mondiale, il est à la tête de l'équipe de savants britanniques qui travaillent sur le projet américain de bombe atomique.

Et tout cela parce qu'il s'est présenté au mauvais guichet.

* * *

C'est d'ailleurs une erreur de Rutherford – ajoutée à une longue attente à un feu rouge – qui aura permis de découvrir le secret le mieux gardé de l'atome.

Au matin du 12 septembre 1933, le savant hongrois Leó Szilárd attend pour traverser une rue de Londres lorsque le concept de réaction nucléaire en chaîne lui vient à l'esprit. Il vient de lire dans le *Times* du jour le récit d'une conférence de Rutherford au congrès annuel de la British Association. Dans cette conférence, le pionnier de la compréhension des mystères de l'atome rejette l'idée de Szilárd de relâcher l'énergie des atomes en la qualifiant de « miroir aux alouettes ». Irrité par cela et par la pluie qui vient de commencer à tomber alors qu'il attend pour traverser Southampton Row, il est touché par une illumination. Il comprend soudain comment un atome en bombardant un autre peut libérer deux particules qui à leur tour en libéreront quatre… Pendant qu'il traverse la rue, se rappelle-t-il plus tard, la notion de fission nucléaire se déploie littéralement sous ses yeux.

Szilárd dépose l'idée l'année suivante, mais il choisit le mauvais élément pour ses expérimentations. Il échoue à produire concrètement une réaction en chaîne. Il s'associe alors avec Enrico Fermi, et tous deux découvrent en 1939 que l'uranium est le matériau parfait pour produire des particules faciles à relâcher. Ils déclenchent la première réaction nucléaire en chaîne contrôlée en décembre 1942, dans le cadre du Manhattan Project : le projet américain de bombe nucléaire.

* * *

Robert FitzRoy, capitaine du navire de surveillance le *Beagle* qui devait emmener Darwin dans son voyage capital, a failli refuser de prendre ce dernier à bord à cause de la forme de son nez.

FitzRoy se piquait d'étudier la phrénologie, fondée sur l'idée que la forme du crâne révèle le caractère. En voyant le nez plutôt large et court de Darwin, il soupçonne immédiatement une disposition paresseuse et un caractère faible... pas l'idéal pour un voyage si long et si solitaire où tous deux seront les seuls à bord. Mais en dînant avec Darwin lors de leur première rencontre, il change d'avis et lui propose la place.

Néanmoins, Darwin n'est pas le premier choix de FitzRoy. Il ne doit son voyage qu'au fait que le candidat favori du capitaine se soit désisté. Il a aussi dû surmonter une ferme opposition au voyage de la part de son père, qui voulait faire de lui un homme d'Église. « Tu seras une honte pour toi-même et toute ta famille », lui disait-il. Heureusement, le reste de la famille l'a poussé à céder.

* * *

Hubert Cecil Booth, l'inventeur anglais de l'aspirateur, a failli être tué par son idée au moment même où il l'a eue.

En 1901, il assiste à la démonstration d'une machine américaine destinée au nettoyage des compartiments de train, qui utilise un jet d'air sous pression pour dépoussiérer les tissus. Dans un restaurant où il se rend ensuite, il se dit qu'« aspirer, et non souffler » la poussière serait encore plus efficace. Il pose son mouchoir sur une vieille chaise et inspire puissamment. Il s'étouffa, peu s'en fallut à mort.

Mais il ne se laisse pas décourager. Au contraire, cette mésaventure le conforte dans son intuition : quelques mois plus tard, l'aspirateur est inventé.

* * *

L'écrivain de science-fiction Arthur C. Clarke, père du concept de communication globale par le biais de satellites en orbite, n'a pas gagné un centime avec cette idée : au lieu d'en déposer un brevet, il l'a exposée dans un article du magazine *Wireless* en octobre 1945. Il s'est peut-être privé là de millions en royalties.

* * *

Le télescope spatial Hubble, lancé en 1990 pour un coût de plus de 2 milliards de dollars, s'est rapidement avéré souffrir d'un gros problème de myopie : les images qu'il renvoyait étaient floues. La distorsion était due à une simple gouttelette de peinture tombée sur une tige de mesure optique pendant le polissage du miroir principal. La lentille était de 0,002 millimètre trop plate (un quinzième de la largeur d'un cheveu humain). Cela faisait toute la différence. Il allait falloir trois ans, une réparation chiffrée à 8 millions de dollars et une mission en navette en 1993 pour réparer cette bévue.

* * *

Hubble n'a pas été le premier fiasco spatial causé par une négligence minime.

La mission Mariner I de la Nasa vers Vénus, lancée en juin 1962, a dû être interrompue lorsque la fusée a dévié quatre minutes après le décollage. L'enquête a établi que l'échec était dû à l'oubli d'une simple virgule dans la programmation informatique de la mission. Une erreur de ponctuation qui se chiffre à 18,5 millions de dollars (environ 400 millions de dollars actuels) pour la Nasa.

* * *

Presque quarante ans plus tard, l'homme est toujours ca- pable de commettre des bourdes élémentaires.

La sonde de la Nasa, Mars Climate Orbiter, s'est perdue en septembre 1999. Fonçant sur une orbite bien plus basse que prévu, elle est entrée en combustion dans l'atmosphère. La raison ? Les programmes informatiques étaient rédigés en unités de mesures différentes. L'équipe propulsion avait utilisé les mesures anglo-saxonnes tandis que l'équipe navigation avait tout rédigé en système métrique.

C'est ainsi que la sonde s'est retrouvée sur une orbite 100 kilomètres plus basse que prévu. La mission avait coûté 123 millions de dollars.

Comme l'a dit, désabusé, l'un des administrateurs de la Nasa, Edward Weiler : « Tout le monde peut se tromper. »

* * *

Le projet Genesis de la Nasa – trois ans de travail, 260 millions de dollars – consistait à collecter des particules de vent solaire sur un mille-feuilles de verre extrêmement fin. En septembre 2004, il a connu une fin brutale lorsque le parachute de la capsule a refusé de s'ouvrir en entrant dans l'atmosphère. Au lieu d'atterrir en douceur, la capsule s'est écrasée à 160 km/h dans le désert de l'Utah : les capteurs de décélération, qui devaient déclencher l'ouverture du parachute, étaient montés à l'envers.

Cependant, en ouvrant les échantillons, les scientifiques ont pu rassurer le monde : ils avaient survécu à l'impact !

* * *

En juillet 1969, le premier pas de l'homme sur la Lune a paru se dérouler sans heurt aux yeux de millions de téléspectateurs médusés. En réalité, une série de bugs informatiques de dernières secondes a failli faire tourner l'évènement au désastre.

Alors que le module lunaire descend à 760 mètres au-dessus de la surface de la Lune, deux alertes inexpliquées en trois minutes obligent Neil Armstrong à prendre le contrôle manuel de l'appareil bien plus tôt que prévu.

Bien que le contrôle au sol ait dit aux astronautes de ne pas se préoccuper des alertes, elles affectent l'angle de descente : le module lunaire se trouve six kilomètres plus loin que prévu, et à trois kilomètres de la limite fixée pour une annulation.

Au moment où Armstrong, à 60 mètres d'altitude, se démène pour trouver un nouveau point d'alunissage, il ne lui reste plus qu'une minute de carburant. S'il était tombé à court de carburant, l'alunissage aurait été trop lourd pour le fragile vaisseau et, même s'ils n'avaient pas été tués par l'impact, les astronautes n'auraient jamais pu redécoller de leur plate-forme endommagée.

On n'a jamais su au juste combien il restait de carburant quand *Apollo* a touché le sol. D'après le copilote Buzz Aldrin, ses instruments indiquaient dix secondes d'autonomie. Après leur odyssée de quatre jours un quart pour arriver là, ils étaient à quelques battements de cœur de l'échec.

La raison de la surcharge informatique est découverte pendant le séjour des astronautes à la surface de la Lune. Un radar de la capsule, utilisé pour localiser le module de commande en orbite, est resté en mode automatique.

L'ordinateur utilisait donc la précieuse mémoire pour analyser des données venant de lui-même. L'équipe de contrôle sur Terre comprend l'erreur une demi-heure à peine avant que le module lunaire ne se remette en orbite. Elle demande à l'équipage de repasser sur manuel. S'il était resté allumé, les mêmes pannes informatiques se seraient reproduites pendant la manœuvre de raccrochage, encore bien plus périlleuse que l'alunissage.

La Nasa voulait aussi conclure la mission sur un joli symbole, mais des rivalités politiques toutes terrestres l'en ont empêchée. Elle prévoyait de boucler la boucle du discours de 1961 en envoyant le porte-avions *John F. Kennedy* à la rencontre de l'équipage. Mais la jalousie de Nixon persistait par-delà la mort de son rival. Il a tenu à envoyer un autre porte-avions au nom plus neutre, le *USS Hornet*.

* * *

La plupart des missions lunaires sont d'ailleurs passées à un cheveu de la catastrophe.

Apollo 12 a été frappée par la foudre au décollage, deux fois en l'espace de 16 secondes. La première décharge traverse le vaisseau jusqu'à la tour de lancement, 2 000 mètres plus bas. La deuxième neutralise tout le système de navigation du module de commande et déconnecte les batteries du système électrique. D'après un témoignage, Pete Conrad, le commandant du vol, relaie alors au contrôle au sol « la plus longue liste de pannes jamais entendue d'un seul tenant ». Une fois en orbite, il faudra deux heures et demie de vérification avant que le vol obtienne le feu vert pour continuer.

Arrivé sur la Lune, le partenaire de Conrad, Al Bean, ruine toute la couverture télévisée de la seconde expédition en pointant la caméra vers le soleil, ce qui la détruit. La mission est retransmise uniquement par radio, ce qui contribue à affaiblir l'intérêt des Américains. Les seuls témoignages visuels existants sont les photos prises par les astronautes eux-mêmes. (Et encore : ils ont réussi à oublier une pellicule sur la Lune !)

Conrad aurait pourtant pu prendre l'une des photos les plus étonnantes de l'Histoire, si sa blague avait fonctionné. Il avait emporté, à l'insu du contrôle au sol, un retardateur automatique pour son appareil photo. Bean et lui prévoyaient de se photographier en posant comme des touristes devant le module. Conrad a hâte d'entendre la question inévitable qu'on lui posera sur Terre : « Mais qui a pris la photo ? » Il avait caché le retardateur dans la boîte prévue pour collecter des échantillons de roches. Quand vient le moment de prendre la photo, il ne le retrouve plus parmi les cailloux. Comprenant qu'il faudrait tout vider pour le retrouver, les deux compères renoncent à leur farce.

* * *

Quant à l'explosion d'un réservoir d'oxygène qui a gravement mis en péril Apollo 13, elle était due à une négligence dans la conception d'un thermostat.

Le système de chauffage était conçu pour fonctionner sur 28 volts, comme le reste de la fusée Apollo à l'époque de sa création. Quand le programme a modifié tout le système pour passer à 65 volts, tous les composants ont été adaptés… sauf le chauffage. Le thermostat devait maintenir la température du réservoir d'oxygène à 26,5 °C. Lorsqu'il entre en action, le voltage excessif fait fondre les contacts et la température monte à plus de 500 °C. L'isolant se fissure. Personne au sol ne s'en aperçoit car la jauge, au sol, ne monte que jusqu'à 30 °C.

Au moment où les astronautes activent la ventilation du réservoir pour procéder à un contrôle de routine, un arc électrique met feu au gainage des câbles, qui enflamme l'oxygène : c'est l'explosion. « Houston, nous avons un problème ! »

* * *

Le module de commande d'Apollo 14 a eu tant de difficultés à s'accrocher au module lunaire depuis son amarrage dans la fusée *Saturn V* que la mission a failli être abandonnée.

Après cinq tentatives et une heure et demie de consultation avec le contrôle au sol, les deux vaisseaux ne sont toujours pas arrimés.

L'équipage envisage même de dépressuriser son module, d'ouvrir le sas et d'aller accrocher les deux éléments à la main. Finalement, ils allument leurs boosters au moment de l'arrimage pour accroître la pression. Apparemment, les vibrations décoincent ce qui bloquait les systèmes de verrouillage. Encore une heure à peine, et le grand étage de la fusée devait larguer son carburant en trop, une procédure qui exigeait que le module de commande se trouve à une distance considérable. Cela dit, toute la mission se déroulera ensuite dans l'angoisse. Personne ne connaît la cause de l'incident, et il va falloir répéter l'arrimage après l'alunissage, pour rentrer en sécurité.

Pendant la même mission, alors que le module lunaire n'est qu'à 90 minutes de la surface de la Lune, le voyant « annulation de la mission » s'allume par erreur. Dès que les moteurs de descente seront allumés – ce qui est imminent –, l'activation de cette alarme mettra automatiquement fin au processus d'alunissage. Les ingénieurs au sol doivent réécrire le programme informatique pour indiquer au système d'ignorer tout signal venant de cette alarme défectueuse. Les changements nécessaires sont faits, envoyés au module et saisis à peine dix minutes avant que les moteurs de descente ne s'allument.

À l'approche de la surface, un nouvel incident potentiellement fatal survient. À 32 000 pieds (9 750 mètres), le radar au sol du module lunaire ne fonctionne toujours pas. Sans lui, il est impossible d'alunir. Les règles de la mission spécifient que s'il ne fonctionne pas à 10 000 pieds, l'annulation est obligatoire. Sur les conseils du contrôle au sol, les pilotes débranchent le système et le rebranchent. Ils sont à moins de 20 000 pieds – et à quelques secondes d'une annulation – quand le radar se remet à fonctionner.

* * *

Passons à la mission Apollo 16. Le module est en route pour la surface lunaire lorsque le moteur du module orbital tombe en panne. Dans ce cas, il est prévu que l'équipage utilise le moteur du module lunaire pour se propulser vers la Terre. Le module lunaire doit stopper sa descente et se remettre en orbite avec le module orbital jusqu'à ce que le problème soit résolu. Si ce n'est pas fait dans les dix heures, le décalage avec le site prévu étant trop grand, tout l'alunissage devra être annulé. L'erreur est rectifiée au bout de six heures, ce qui leur laisse juste assez de temps pour réussir la descente.

La principale mission d'*Apollo 16* est de mesurer les flux de chaleur sous la surface de la Lune, afin que les géologues comprennent sa formation. Après l'échec d'*Apollo 13*, la Nasa est doublement impatiente. L'opération coûte un 1 million de dollars de l'époque. En installant le matériel, le commandant John

Young ne voit pas que le câble qui relie les capteurs enterrés à l'engin se sont enroulés autour de sa botte. C'est pourtant clairement visible pour le public qui assiste à la scène à la télévision. Mais avant que le contrôle au sol ait pu l'avertir, il s'éloigne en sautillant et arrache tous les câbles. Encore raté !

* * *

Une curieuse omission dans la liste des prix établie par Alfred Nobel n'est peut-être due qu'à une affaire de cœur.

En 1895, lorsqu'il couche par écrit ses instructions pour créer un prix annuel récompensant des réussites exceptionnelles, Nobel ne définit que cinq domaines : physique, chimie, médecine, littérature et paix. On s'est beaucoup interrogé sur l'absence d'un prix de mathématiques, pourtant pierre angulaire de toutes les sciences.

Gosta Mittag-Leffler, un professeur de mathématiques suédois de premier plan, a insinué dans une lettre que l'absence de prix dans cette discipline serait due à un différend personnel entre les deux hommes. Le mathématicien aurait en effet volé le cœur d'une des maîtresses de Nobel.

Une théorie proche souligne qu'à la même époque, Mittag-Leffler voulait instituer un prix de mathématiques et aurait lourdement insisté auprès de Nobel pour qu'il lui attribue une partie de sa fortune. Cet excès de zèle dans le lobbying peut-il avoir rebuté Nobel, surtout s'il soupçonnait Mittag-Leffler pour d'autres raisons ?

L'antipathie tenace de Nobel envers les avocats a aussi failli détruire tout son projet avant même qu'il ne soit mis en route. Il rédigea entièrement son testament sans conseil juridique, laissant beaucoup d'éléments ouverts à l'interprétation et discutables devant les tribunaux. Il n'avait jamais établi de domiciliation légale, et sa fortune était tellement dispersée que son exécuteur testamentaire dut faire bien des heures supplémentaires pour établir la propriété légale des fonds amassés et les rapatrier en Suède. En outre, avant sa mort, Nobel n'avait pas non plus précisément détaillé les fondations auxquelles devait être remis l'argent.

Ses ayants droit, enragés à l'idée de perdre l'héritage, tentèrent de faire capoter le projet sous le prétexte que les fonds n'ayant pas de propriétaire légal leur revenaient de plein droit. Ils furent déboutés.

Le roi de Suède – qui fut suivi par une grande partie de l'opinion publique – contestait violemment l'idée qu'une fortune suédoise soit distribuée à des étrangers à une époque où la Suède était un pays pauvre. Il finit par changer d'avis des années plus tard, lorsqu'il comprit que le prix annuel apportait une excellente publicité à son pays.

L'une des inventions qui ont le plus changé la vie domestique à la fin du XXe siècle, le four à micro-ondes, est issue par accident d'une barre chocolatée et des recherches sur le radar à magnétrons, développé pendant la guerre, qui utilise des micro-ondes.

En 1946, dans son laboratoire, un chercheur de la Raytheon Corporation, Percy Spencer, passe au travers du rayon du magnétron. Il constate alors que la barre de chocolat qu'il avait dans la poche a fondu. Intrigué, il dépose des grains de maïs à côté de l'appareil et les regarde se transformer en pop-corn. Le lendemain, il essaye avec un œuf, qui explose sur un collègue.

Dès la fin de l'année, il dépose le concept du four à micro-ondes. En 1947, il présente le premier appareil commercial. Il y a encore du travail pour que chaque foyer soit prêt à en accueillir un : la première version mesure deux mètres de haut, pèse un tiers de tonne et coûte cinq mille dollars.

* * *

Le jacuzzi est né parce que l'un des sept frères Jacuzzi souffrait de polyarthrite rhumatoïde.

Cette famille d'immigrés italiens en Californie avait monté une affaire prospère de compresseurs pour l'aviation. En 1948, le fils de Candido Jacuzzi, âgé de six ans, a besoin d'une thérapie pour sa maladie, de plus en plus handicapante. Candido invente un compresseur portable qui peut être immergé dans les baignoires d'hôpital pour soulager les membres de l'enfant. En 1955, l'idée est commercialisée comme équipement thérapeutique. Quinze ans plus tard, les premiers bains à remous conçus pour le plaisir, avec jets d'air intégrés, sont mis sur le marché.

Le fils, Kenneth Jacuzzi, finit par reprendre avec succès l'affaire qui était née pour soulager sa maladie d'enfance.

* * *

La lentille de contact a été inventée grâce à une conversation fortuite dans un train tchèque.

En 1952, le chimiste Otto Wichterle, assistant à l'université de Prague et spécialisé dans les fibres artificielles, prend le train. Il engage la conversation avec un passager qui lit un article scientifique sur la chirurgie correctrice de l'œil. L'homme est un inconnu total pour lui, mais alors qu'ils parlent des problèmes de correction de la vision, Wichterle lui soumet ses idées sur le développement d'un implant plastique. Il se trouve que son interlocuteur travaille au ministère de la Santé : peu après, Wichterle est engagé pour mener son idée à bien.

Il lui faudra encore neuf ans pour aboutir à une version confortable. À l'origine, il polit ses prototypes avec un tour adapté du moteur d'un tourne-disque. Son invention ne l'enrichira jamais. Le gouvernement communiste tchèque vendra les droits à un hommes d'affaires américain pour à peine 330 000 dollars.

* * *

C'est grâce à un chat chanceux que nous avons des réflecteurs sur nos routes.

Un soir sombre de 1933, sur une route de campagne, l'Anglais Percy Shaw traverse un brouillard épais au volant de sa voiture lorsqu'il doit faire un écart pour éviter un chat au milieu de la route. Seul le reflet de ses phares dans les yeux de l'animal l'a alerté. Il a aussi failli tomber dans un ravin, car l'incident s'est produit dans un virage dangereux au bord d'un précipice.

Shaw est si profondément frappé par cette catastrophe évitée de justesse que l'idée de réflecteurs fixés dans la chaussée devint la mission de sa vie. En un an, il en a achevé la conception et il lance sa compagnie, Reflecting Roadstuds Ltd, en 1935.

Le ministère anglais des Transports lance un concours ouverts aux concurrents. Au bout de deux ans, les réflecteurs de Shaw sont les seuls à tenir encore le choc. Tous ses rivaux ont abandonné car leurs produits ne supportaient pas les impacts répétés des pneus de voiture, ou alors ils s'encrassaient et ne réfléchissaient plus rien.

L'astuce de Shaw est, elle aussi, inspirée des yeux des chats. Il monte ses réflecteurs dans un support mobile, conçu de telle sorte que le verre s'enfonce dans le sol quand on roule dessus. En remontant, il frotte contre le revêtement de caoutchouc et se nettoie, exactement comme une paupière de chat.

* * *

Bob Switzer, un natif de l'Ohio, a inventé les vêtements de sécurité luminescents à cause d'un accident qu'il avait eu à l'âge adolescent.

Au début des années trente, il tombe d'une plate-forme de chargement en soulevant des caisses pour le supermarché. Il reste plusieurs mois dans le coma et garde en séquelles des troubles de la vision. Pour faciliter sa rééducation, il est confiné plusieurs mois dans une chambre obscure. Sa seule distraction est sa collection de minéraux phosphorescents. Après sa guérison, il poursuit ses expériences et comprend comment créer des peintures et des teintures qui luisent dans le noir tout en réfléchissant normalement la lumière du jour.

En 1946, il fonde sa société. Tous les produits phosphorescents que l'on voit aujourd'hui, des vestes de sécurité aux cônes de circulation et aux bandes de sécurité des cyclistes, dérivent des innovations développées par Bob Switzer.

Il rêvait de devenir médecin, mais son accident l'en a empêché. En revanche, son invention a peut-être sauvé plus de vies qu'il n'aurait pu le faire en toute une vie de médecin.

* * *

Le père du distributeur automatique de billets n'a jamais gagné un centime avec son invention. Il refusait de la breveter car il craignait que des personnes ne piratent les données techniques contenues dans le brevet, ce qui compromettait la sécurité de tous les distributeurs.

John Shepherd-Barron, directeur de la compagnie de transports de fonds De La Rue, s'agaçait ne pas pouvoir sortir son argent de la banque autrement que pendant les heures de travail. Il a une révélation en contemplant un distributeur de barres chocolatées. La machine qu'il dessine alors n'est pas celle que nous connaissons bien, et que nous utilisons avec notre carte. Paradoxalement – étant donné le problème qu'il tente de résoudre : éviter de devoir aller à la banque pendant les heures d'ouverture –, elle repose sur le préachat d'un bon à la banque, que l'on insère ensuite dans la machine pour récupérer les billets.

Le système est acheté par Barclays, et le premier distributeur de billets est mis en service à Londres en 1967. L'autre invention nécessaire – le code PIN – est aussi une création de Shepherd-Barron. Il avait demandé à son épouse Caroline combien de chiffres elle pouvait facilement mémoriser pour un code de sécurité. La réponse était : quatre.

DÉBUTS INCERTAINS

L'idée répandue que les épinards contiennent du fer et rendent fort, propagée par les dessins animés Popeye des années trente, s'est développée parce qu'un savant allemand faisant des recherches sur le contenu en fer des légumes, en 1870, a mal placé une virgule dans son article. Le résultat laissait penser que les épinards contenaient dix fois plus de fer qu'ils n'en contiennent en réalité. L'erreur ne fut relevée qu'en 1937 ; entre-temps, Popeye avait déjà appris aux enfants qu'il fallait manger des épinards.

* * *

Le croissant, si typique de la gastronomie française, est en fait d'origine autrichienne (d'où le terme de viennoiserie). Il a commencé sa vie comme outil de propagande pour marquer la libération de l'empire autrichien des mains des turcs musulmans.

Sa forme rappelle le croissant du drapeau turc, et on dit qu'il date du siège de Vienne en

1683. Les boulangers locaux qui travaillaient de nuit, auraient entendu les Turcs creuser des tunnels sous la ville et donné l'alarme, sauvant ainsi la ville et l'empire. Ce fut la plus grande avancée des forces musulmanes en Europe. Les boulangers inventèrent donc ce délice de pâte feuilletée roulée pour commémorer leur victoire sur leurs rivaux.

D'ailleurs, la première mention d'un croissant en France ne remonte qu'à 1853.

* * *

Si le fabricant de voitures allemand August Horsch n'avait pas été incapable d'apaiser une querelle avec ses investisseurs, nous conduirions aujourd'hui des Horsch.

D'un caractère irascible, il préféra abandonner sa compagnie pour en lancer une autre plutôt que se réconcilier. Mais il ne put conserver son nom, qui appartenait désormais à la société d'origine. Il traduisit donc en latin son patronyme (qui signifie « entendu » en allemand) et, en 1909, produisit la première Audi.

* * *

L'avion le plus célèbre de la Seconde Guerre mondiale, le Spitfire (littéralement : « dragon/cracheur de feu ») tient aussi son nom d'une dispute.

Un jour, l'avionneur sir Robert McLean, directeur de la société Vickers, se dispute violemment avec sa fille. Quand celle-ci sort en furie de la pièce, il commente : « C'est mon petit dragon ». Reginald Mitchell, le concepteur de l'appareil est justement présent. Il aime ce nom de « spitfire » et l'adopte.

L'équipe de conception avait justement du mal à trouver un nom pour ce modèle. Sans cette petite scène familiale, l'avion aurait pu s'appeler le Shrike ou le Shrew, noms qui avaient été suggérés par des ingénieurs de la Royal Air Force.

* * *

D'après certains témoignages peut-être apocryphes, le paquebot *Queen Mary* aurait dû s'appeler le *Queen Victoria*… s'il n'y avait eu une remarque maladroite.

Peu avant le baptême du navire, en 1934, sir Thomas Royden, l'un des directeurs de la compagnie Cunard, fait part au roi George V du projet de le nommer « d'après la plus grande reine que ce pays ait connue ». Le roi aurait répondu : « Oh, cela fera très plaisir à mon épouse. » Plus question de faire machine arrière après cela…

* * *

Le bikini est ainsi nommé parce que son inventeur, le Français Louis Réard, l'a dévoilé au monde en juillet 1946, quatre jours après le premier essai nucléaire d'après-guerre, dans l'atoll de Bikini.

Un couturier rival, Jacques Heim, l'avait devancé en sortant un maillot de bain deux pièces qu'il avait baptisé l'*atome* : la plus petite particule de matière connue.

Trois semaines plus tard, quand Réard lance le sien, il choisit *bikini*, un mot qui fait alors les gros titres des journaux et qui reste dans les têtes… et aussi parce que le maillot doit faire l'effet d'une bombe.

Si le maillot avait été lancé une autre année, les naïades se pavaneraient… en « atome » !

* * *

L'auteur du Magicien d'Oz, la célèbre comédie musicale, s'appelle Frank Baum. Il a publié cette histoire en 1900. Mais pourquoi Oz ? On dit que Baum, cherchant un nom pour son monde imaginaire, a parcouru sa bibliothèque des yeux. Son regard serait tombé sur un dossier d'archives étiqueté « O-Z ».

Une autre théorie veut que le nom soit inspiré de son État natal de New York, OZ étant les lettres suivant NY dans l'alphabet. C'est d'ailleurs ainsi qu'a été formé le nom de l'ordinateur HAL dans *2001 L'Odyssée de l'espace* :

l'auteur, Arthur C. Clark, a pris les lettres IBM et reculé d'un cran dans l'alphabet.

* * *

La chaîne d'hôtels Sheraton s'appelle ainsi à cause d'une enseigne un peu chère. En 1939, Ernest Henderson et Robert Moore achètent leur troisième hôtel. Tous ont des noms différents : le *Stonehaven* à Springfield (Massachusetts), le *Lee House* à Washington, et leur nouvelle acquisition de Boston, le *Sheraton*.

Le *Sheraton* est orné d'une immense enseigne au néon. Le jour où les associés veulent créer une chaîne à nom unique, il se disent qu'elle coûterait trop cher à remplacer. Ils choisissent donc plutôt de donner ce nom à tous leurs hôtels.

Il n'y a pas de petites économies !

* * *

L'une des plus fameuses attractions d'Hollywood – le trottoir de Hollywood Boulevard devant le Grauman's Chinese Theatre, où les stars immortalisent leurs empreintes de mains et de pieds dans le ciment – a vu le jour par le plus grand des hasards.

En 1927, un an après l'ouverture, le propriétaire de la célèbre salle de cinéma, Sid Grauman, met étourdiment le pied dans le ciment frais devant l'entrée. À partir de là, l'idée fait son chemin. Il demande à ses deux associés, les stars du cinéma muet Mary Pickford et Douglas Fairbanks, de faire de même. Le projet est lancé.

D'après une autre version de l'histoire, c'est la star du muet Norma Talmadge qui aurait donné l'idée à Grauman en marchant elle-même dans le ciment. Mais les registres indiquent qu'elle a fait sa marque trois semaines après les premières empreintes laissées par Pickford et Fairbanks. La vérité est loin d'être claire, et il est possible que les associés de Grauman aient évincé la starlette pour être les premiers officiellement immortalisés dans la rue.

Actuellement, le trottoir compte presque deux cent cinquante empreintes de pieds et mains des héros d'Hollywood, ainsi que celles de deux chevaux, des robots de *La Guerre des étoiles*, de Mickey et de Donald. Commercialement, c'était une idée de génie. Le Chinese Theatre est devenu un incontournable pour les avant-premières réunissant le gratin d'Hollywood.

* * *

La puissance de l'économie canadienne moderne peut être attribuée aux agissements d'un renard errant.

1903 : dans le petit hameau de Cobalt, dans le nord de l'Ontario, Fred La Rose est agacé par un renard roux qui vient renifler autour de son atelier. Il lui jette un marteau, mais celui-ci rate sa cible et va frapper un rocher. Qui se met à briller fortement. La Rose vient de découvrir le plus gros gisement d'argent au monde.

Les mines d'argent de Cobalt, exploitées jusque dans les années cinquante, ont fini par donner plus de 460 millions d'onces d'argent, injectant dans la jeune économie plus de deux milliards de dollars d'aujourd'hui.

* * *

Si l'Ouest américain n'avait pas été un tel repaire de brigands, l'ordinateur ne se serait peut-être pas développé aussi rapidement.

La première utilisation de cartes perforées pour faire traiter des données par une machine – donc la base du futur ordinateur – remonte en effet à un vaste projet de lutte contre la criminalité sur les lignes de chemin de fer des USA.

Le problème à résoudre était le suivant : des voleurs se déguisaient en passagers jusqu'à ce que le train ait atteint les grands espaces sauvages, puis faisaient leur hold-up et disparaissaient dans la nature. Pour identifier les malfaiteurs, on eut l'idée de coder les signes particuliers – forme des traits, couleur des cheveux, des yeux, etc. – directement sur les billets de train en perforant des cases préimprimées. Après un vol, les caractéristiques physiques de tous les passagers restants seraient automatiquement comparés avec les informations enregistrées. Ceux qui manquaient seraient forcément les coupables, et en plus les autorités auraient leur signalement. Le plan, trop lourd et compliqué, ne fut jamais mis en pratique à grande échelle.

Mais la méthode inspira un autre inventeur. En effet, le grand recensement de 1890 approchait. Herman Hollerith, statisticien et technicien au bureau du recensement, entendit parler du plan abandonné et comprit que l'approche par carte perforée pourrait être bien utile pour dépouiller les résultats.

Il breveta le premier tabulateur mécanique en 1889 et l'utilisa lors du recensement de l'année suivante. Le décompte fut achevé en trois semaines, alors que le précédent avait pris trois fois plus de temps.

La machine de Hollerith eut tant de succès qu'il fonda sa société, la Tabulating Machine Company, en 1896. En 1911, elle devint l'une des firmes qui formaient International Business Machines : IBM, le géant moderne de l'informatique. Jusqu'à l'arrivée de la disquette dans les années 1980, toute la saisie de données informatiques se fondait sur la méthode des cartes perforées de Hollerith. Et tout le monde avait oublié la prévention du crime dans les chemins de fer.

L'ENFANCE DE L'ART

Vincent Van Gogh voulait être prêtre, et non peintre.

Il avait toujours cru que sa vocation était la prêtrise. Pendant trois ans, de l'âge de vingt-quatre à vingt-sept ans, il fit des pieds et des mains pour obtenir une place dans le département de théologie de l'université d'Amsterdam. Ayant échoué à l'examen d'entrée, il chercha une place dans une école de missionnaires près de Bruxelles, mais échoua également. Il essaya une troisième fois d'être pasteur, en se faisant missionnaire dans un petit village minier de Belgique. Au bout de huit mois, il fut renvoyé pour « excès de zèle ». C'est seulement là qu'il se mit à la peinture.

* * *

Pablo Picasso a failli ne pas survivre à sa naissance en 1881, à cause d'une négligence de la sage-femme.

Le croyant mort-né, elle l'a laissé sur une table. C'est son oncle, qui était heureusement médecin, qui l'a ramené à la vie par le bouche-à-bouche.

* * *

Gravesend, dans le Kent, a lancé la carrière de l'un des plus grands compositeurs russes, tout cela parce qu'un navire cargo a inopinément été retenu au port.

Nikolaï Rimski-Korsakov était jeune matelot à bord du clipper russe l'*Almaz*, qui avait quitté Saint-Pétersbourg en novembre 1862 pour une tournée commerciale de deux ans et demi à travers l'Atlantique et en Méditerranée.

Le navire n'avait aucune intention d'aller en Angleterre. Il devait se rendre tout droit à New York. Mais au bout de deux jours de mer, le capitaine décida que l'*Almaz*, qui venait d'être entièrement rénové, n'avait pas de mâts assez grands pour faire correctement la traversée. Optant pour les faire remplacer en Angleterre, il passa commande à l'avance et mouilla à Gravesend quelques jours plus tard. Le navire et son équipage passeraient les quatre mois suivants au port. Pour le jeune Rimski-Korsakov, cette période fut déterminante.

Âgé de tout juste dix-huit ans, le jeune homme, fraîchement diplômé de l'École navale de Saint-Pétersbourg, espérait ardemment suivre les traces de son grand frère, de vingt-deux ans son aîné, qui avait fait une brillante carrière dans la marine. Il montrait des talents pour la musique, mais n'avait aucune ambition dans ce domaine.

Il était fort bon joueur de piano depuis l'âge de six ans. Pendant ses études à l'École navale, il reprit ses leçons de piano, ce qui lui permit de rencontrer l'un des grands compositeurs de son temps, Balakirev, qui l'encouragea à composer lui-même.

Guidé par Balakirev, Rimski-Korsakov était en train de tenter d'écrire sa première pièce pour orchestre. Cela n'allait pas sans peine, mais début 1862, il ne lui restait plus que le mouvement lent à concevoir. C'est alors qu'il obtint son diplôme. Il lui fallait prendre une décision : continuer à composer ou prendre la mer. Il prit la mer. Et il serait peut-être resté marin toute sa vie si l'escale forcée à Gravesend ne lui avait pas donné tout le temps nécessaire pour achever sa *Première Symphonie*.

Il renvoya par la poste le dernier mouvement à Balakirev. Le grand homme déclara que c'était ce qu'il avait écrit de meilleur. Rimski-Korsakov avait composé toute cette pièce sans l'aide d'un piano, car il n'y en avait pas sur le navire. Il se rappelait pourtant, raconte-t-il dans ses mémoires, l'avoir jouée une fois ou deux d'un bout à l'autre dans un restaurant de Gravesend, devant son premier public.

Quand l'*Almaz* quitta la Tamise fin février 1843, le pli était pris pour Rimski-

Korsakov. Dès son retour en Russie, il se consacra entièrement à la musique.

* * *

Le cantique Douce nuit a été composé par une nuit de Noël, en 1818, dans la petite église Saint-Nicolas d'Oberndorf, près de Salzbourg, en Autriche… parce que l'orgue était cassé. L'organiste, Franz Gruber, composa cet air qui pouvait être chanté en s'accompagnant à la guitare, le seul autre instrument dont disposait la congrégation. Le prêtre, Joseph Mohr, écrivit pour sa part les paroles.

Ils n'avaient pas imaginé que cette chanson durerait. Lorsque l'ouvrier arriva plus tard pour réparer l'orgue, ils l'interprétèrent pour lui. Il l'aima tant qu'il retint les paroles et l'air, et les chanta partout où il se rendait. Mais c'est seulement en 1840 que ce chant de Noël fut mis par écrit et publié.

* * *

Lewis Carrol (de son vrai nom Charles Dodgson) n'avait pas l'intention de publier son *Alice au Pays des Merveilles*.

Professeur au collège d'Oxford, il avait raconté cette histoire pour amuser les trois jeunes sœurs qu'il avait emmenées faire une promenade en bateau sur la Tamise par un après-midi ensoleillé de 1862. L'une d'entre elles,

Alice Liddell, fille du doyen de l'université, l'implora de l'écrire. Il passa toute une nuit à coucher sur le papier ce qu'il se rappelait de son histoire.

Il présenta à Alice une version manuscrite et illustrée à la main, en lui donnant le nom de l'héroïne, comme cadeau de Noël deux ans plus tard. Ceux qui le virent l'encouragèrent à le publier. Ce qui fut fait avec un grand succès l'année suivante. Tellement de succès qu'il publia la suite, *De l'autre côté du miroir*, en 1872.

* * *

Agatha Christie n'avait nullement l'intention de devenir écrivain.

Elle n'avait pas reçu d'éducation scolaire – sa mère était convaincue que les enfants ne devaient pas ouvrir un livre avant l'âge de huit ans – et même à vingt ans et plus, elle ne manifestait aucun désir de devenir auteur. Elle a déclaré dans son autobiographie : « Cela ne m'avait jamais traversé l'esprit. »

C'est son travail d'assistante chez un chimiste, dans les années vingt, qui allait transformer sa carrière. Elle commença à être fascinée par les poisons, qui allaient figurer en bonne place dans beaucoup de ses intrigues. Sa première tentative d'écriture, *La Mystérieuse Affaire de Styles*, fut refusée par six éditeurs. Elle fut enfin publiée en 1920 – Agatha avait déjà trente ans –, et fut peu remarquée.

Paradoxalement, alors qu'elle était terriblement timide et détestait la publicité, c'est en disparaissant pendant dix jours en 1926 (on pense aujourd'hui qu'elle a fait une dépression en découvrant que son mari avait une liaison) qu'elle attira l'attention nationale et devint célèbre.

Des années trente aux années cinquante, elle publia au moins un roman par an. Elle devait écrire en tout soixante-dix-huit romans policiers, cent cinquante nouvelles, six essais et vingt pièces de théâtre. Elle a vendu dans le monde quelque deux milliards d'exemplaires dans plus de cent langues.

Trente ans après sa mort, elle vendait encore un million de livres de poche par an rien qu'en Angleterre.

En 1952, deux producteurs britanniques acquièrent les droits cinématographiques sur une histoire d'Agatha Christie. Seule condition : ils doivent attendre six mois après la tournée théâtrale en cours pour faire leur film. Malheureusement pour eux, l'histoire en question était sa pièce *La Souricière.* Cinquante-six ans plus tard, elle est toujours à l'affiche. Et les deux producteurs sont morts depuis longtemps.

* * *

Fedor Dostoïevski, l'un des géants de la littérature russe, a failli être exécuté à l'âge de vingt-huit ans, alors qu'il n'avait écrit que deux romans, aujourd'hui oubliés.

Le futur auteur de *Crime et Châtiment*, *L'Idiot* ou encore *Les Frères Karamazov*, composés entre 1861 et 1880 (entre la quarantaine et la soixantaine) était activiste politique à Saint-Pétersbourg dans sa jeunesse. Il fut arrêté avec cinq autres personnes en 1849.

Tous furent condamnés à être passés par les armes. Le 22 décembre, l'exécution était en cours : les trois premiers (parmi lesquels il ne figurait pas) étaient déjà ligotés aux poteaux, à attendre la fusillade, lorsqu'une grâce royale arriva. Ils furent envoyés en Sibérie pour quatre années de travaux forcés.

Les avis divergent pour savoir s'il s'agissait ou non d'une parodie d'exécution organisée pour frapper ces jeunes esprits. Quoi qu'il en soit, le traumatisme eut un effet créatif durable sur Dostoïevski, que l'on retrouve des années plus tard dans ses romans de maturité, dont les thèmes sombres tournent généralement autour d'une souffrance et d'un désespoir intenses.

* * *

Le plus célèbre poème de Samuel Taylor Coleridge, Kubilaï Khan (« À Xanadu, Kubilaï Khan se décréta / Un fameux palais des plaisirs… »), ne compte que cinquante-quatre vers. Il aurait dû en avoir plus de trois cents, mais un coup frappé à la porte devait tout remettre en question.

Le poème fut conçu en 1797 par Coleridge lors d'un rêve médicamenteux, pendant une convalescence dans une ferme isolée. Il était tombé dans un profond sommeil de plus de trois heures, dont il s'éveilla avec une composition complète dans la tête. Il était certain qu'il « ne pouvait pas avoir composé moins de deux ou trois cents vers ».

Il écrivit rapidement ce qui est à présent le poème, mais fut alors interrompu par un visiteur venu du village voisin, qui lui tint la jambe pendant plus d'une heure. Une fois de retour dans sa chambre, il fut incapable de reprendre le poème où il l'avait laissé : il avait oublié la suite.

* * *

L'un des romans les plus lus de l'histoire de la littérature ne doit son existence qu'à une blessure.

Autant en emporte le vent, quarante-neuvième best-seller jamais écrit (vingt-huit millions d'exemplaires), atteignait déjà le million d'exemplaires vendus un mois après sa publication en juin 1936. Une réussite phénoménale, en pleine Dépression. L'auteur, Margaret Mitchell, journaliste à *Atlanta*, ne l'a écrit que parce qu'elle s'était cassé la cheville et devait rester immobilisée chez elle.

C'est le seul livre qu'elle ait jamais publié.

Le film de 1939 a été classé film le plus rentable de tous les temps. Une étude réalisée en 1996 estime ses gains – réactualisés en fonction de l'inflation et du cours de l'argent – à 2,27 milliards d'euros. À titre de comparaison, le suivant est *La Mélodie du bonheur*, dont les 839 millions de bénéfice font pâle figure à côté. Mais le film a failli ne pas voir le jour.

Les trois grands studios – MGM, 20th Century Fox et Warner Brothers – l'avaient refusé. Il finit par arriver sur le bureau de David O. Selznick. Même le réalisateur, Victor Fleming, n'y croyait pas trop, avertissant Selznick que le film serait « un des plus gros éléphants blancs de tous les temps ».

Bette Davis a décliné le rôle de Scarlett O'Hara dans *Autant en emporte le vent* parce qu'elle refusait de travailler avec Errol Flynn. Elle croyait en effet, à tort, qu'il avait été retenu pour le rôle masculin.

* * *

L'espion le plus célèbre de la littérature, James Bond, a trouvé son nom parce que l'auteur, Ian Fleming, était passionné d'ornithologie.

Le véritable James Bond était un jeune naturaliste de Philadelphie qui faisait autorité en matière d'oiseaux des Caraïbes. Son traité de 1936 sur le sujet fut le premier à cataloguer la faune aviaire de la région. C'était le livre de chevet de Fleming, qui passait de longues périodes de l'année en Jamaïque.

Lorsqu'il commence à écrire le premier roman de James Bond, *Casino Royale*, en 1952, il cherche un nom pour son héros. Il s'arrête net sur le livre de Bond. « Je compris que son nom – bref, sans romantisme mais très viril – était exactement ce qu'il me fallait », a-t-il expliqué.

Une autre origine curieuse dans les James Bond est le nom de *M*, le chef des services secrets britanniques auprès duquel Bond prend tous ses ordres. Son identité n'est jamais révélée au-delà de cette lettre. Fleming avait trouvé l'idée de ce nom dans son enfance : il appelait toujours sa mère « M ».

Cary Grant était le premier choix des producteurs pour le rôle de James Bond. Il déclina l'offre parce qu'il ne voulait pas s'engager dans une série de films. Cubby Broccoli et Harry Saltzman choisirent alors Sean Connery pour le premier, *Dr No*, en 1962. Le verdict de Ian Fleming sur ce remplacement : « Ce n'est pas exactement ce que j'avais en tête. » C'était le premier rôle principal de Connery. Il devait jouer dans les sept *Bond* suivants.

* * *

Franz Kafka, aujourd'hui considéré comme l'un des plus grands auteurs du XXe siècle, n'a presque rien publié de son vivant. Il est mort en 1924, à l'âge de quarante ans. Il demandait dans son testament que tous ses manuscrits soient détruits. Il n'avait publié qu'une poignée de nouvelles, et laissait trois grands romans inachevés.

Son exécuteur testamentaire, Max Brod, ne tint pas compte de la requête et supervisa l'édition des romans : *Le Procès*, *Le Château* et *Amerika*. Il expliqua plus tard son attitude en précisant qu'il avait prévenu Kafka et que par conséquent, si l'écrivain avait vraiment voulu la destruction de ses œuvres, il aurait choisi un autre exécuteur.

Dépressif chronique, Kafka écrivait sur le sort de gens ordinaires piégés dans une lutte contre des forces qu'ils ne comprennent pas. Ses textes sont à présent considérés comme des œuvres visionnaires qui préfigurent avec génie les grands totalitarismes du XXe siècle. Si Kafka avait été écouté, son nom et ses œuvres majeures ne seraient jamais entrés au panthéon de la littérature moderne.

* * *

L'étrange cas de l'écrivain Stevenson : après des années passées sans succès à développer l'intrigue d'un roman illustrant la double nature inhérente à l'homme, Robert Louis Stevenson a rêvé l'histoire de *L'Étrange cas du Dr Jekyll et de Mr Hyde* par une nuit de 1886. Le manuscrit était terminé en six semaines, et à sa publication l'année suivante, ce fut un succès immédiat.

* * *

Rudyard Kipling aurait connu une carrière de journaliste à peu près anonyme aux États-Unis si le rédacteur en chef du *San Francisco Examiner*, où il fut brièvement employé, ne l'avait pas renvoyé avec ce conseil : « Désolé, Mr Kipling, mais c'est bien simple : vous ne maîtrisez pas la langue anglaise. »

* * *

Les créateurs de *Superman* ont vu leur idée refusée par les éditeurs new-yorkais pendant quatre ans.

Jerrie Siegel, un natif de Cleveland de vingt-quatre ans, eut l'idée de ce personnage en 1934 lors d'une nuit blanche où il visualisa toute la légende de Superman. Un vieux copain d'école, Joe Shuster, dessina le personnage.

Leurs premières tentatives pour intéresser des éditeurs reçurent la réponse que Superman était « trop farfelu pour les lecteurs ». Le projet fut enfin accepté en 1938 par DC Comics. Siegel et Shuster furent payés cent trente dollars à eux deux, et restèrent toujours collaborateurs extérieurs.

Ils passèrent ensuite plus de trente ans en procédures pour tenter de négocier un meilleur contrat, vu la popularité de Superman. Siegel dut prendre un travail de postier et Shuster de coursier pour joindre les deux bouts. À la fin de sa vie, Siegel raconta qu'il avait la nausée rien qu'à la vue d'un livre de Superman. Il est mort en 1996. Shuster l'avait précédé en 1992.

* * *

L'écrivain V. S. Naipaul s'est fait renvoyer de son travail au début de sa carrière, alors qu'il était attaché de presse de l'Association du ciment et du béton. Ses supérieurs lui reprochaient de ne pas savoir écrire. Il a reçu le prix Nobel de littérature en 2001.

* * *

Hollywood est devenue la capitale du cinéma par tirage à pile ou face.

Une société de production du New Jersey, Centaur, cherchait en 1911 un nouveau lieu de tournage, qui puisse lui éviter de recréer des décors trop coûteux dans le nord-est américain.

Les deux associés de Centaur étaient en désaccord sur le choix du site. Al Christie, chef réalisateur, voulait la Californie car il projetait de faire des Westerns. Davie Horsley, le propriétaire, voulait la Floride, qui à l'époque était isolée et sous-développée mais plus proche géographiquement. Il accepta de tirer la décision à pile ou face. Christie gagna. Centaur s'installa sur Sunset Boulevard. Ce fut le premier studio de cinéma de Californie.

Dans l'année, quinze autres petits studios avaient également opté pour la région, attirés principalement par la variété des paysages naturels et le climat, idéal pour travailler sans interruption.

* * *

Les premiers mots que l'on entend dans le premier film parlant sont là par hasard.

Le « Attendez une minute ! Attendez une minute ! Vous n'avez encore rien entendu » d'Al Jolson dans *Le Chanteur de jazz* ne figurait pas dans le script et ne devait pas être entendu. Ces paroles furent enregistrées par accident : Jolson hélait en fait un technicien, et le réalisateur décida de les garder.

* * *

La célèbre réplique des films de Tarzan : « Moi, Tarzan » viendrait de la réaction stupéfaite de l'ancien champion olympique de natation Johnny Weissmuler lorsque le studio MGM l'appela pour lui proposer le rôle. Il se serait exclamé : « Moi, Tarzan ? »

Il était venu au studio pour voir Clark Gable. Le seul moyen qu'il avait trouvé pour entrer était de faire la queue avec les candidats qui passaient une audition pour le rôle. Du coup, il fit un essai et décrocha le rôle.

* * *

La scène la plus fameuse des Aventuriers de *l'Arche perdue*, élue en 1999 par un magazine comme « la plus cool de l'histoire du cinéma », ne figurait pas dans le scénario. Elle n'a vu le jour que parce que Harrison Ford... avait la tourista.

Tout le monde connaît cette scène où un méchant se livre à une impressionnante démonstration de sabre, et où l'archéologue sort tranquillement son pistolet pour le descendre. Steven Spielberg, le réalisateur, avait prévu une longue séquence de combat entre eux deux. Mais à cause des maux d'estomac de Harrison Ford, l'épisode fut spectaculairement simplifié.

* * *

Le vaisseau spatial imaginé à l'origine par Steven Spielberg pour *Rencontre du troisième type* fut abandonné une fois le tournage commencé, car il ne rendait pas bien. Personne n'arrivait à trouver une forme convaincante. Spielberg trouva la bonne inspiration en passant de nuit devant une raffinerie de pétrole, avec ses centaines de petites lumières étincelant sur un complexe de tuyaux et de tours : il avait le vaisseau devant lui.

* * *

La 20th Century Fox voulait à l'origine changer le titre de *La Guerre des étoiles*.

Elle soutenait que jamais un film avec les mots « guerre » ou « étoiles » dans le titre n'avait connu de succès. Le film a reçu six Oscars et a engrangé 800 millions de dollars.

* * *

La chanson la plus célèbre du *Magicien d'Oz* a été initialement coupée au montage.

Après les premiers visionnages, la production avait en effet jugé que *Over the Rainbow* ralentissait beaucoup trop le tempo du film. Elle a été réintégrée à la dernière minute… et a rapporté au film l'Oscar de la meilleure chanson cette année-là.

Judy Garland ne joue dans le film qu'à cause d'un conflit entre studios : la Fox avait refusé de céder à la MGM Shirley Temple, âgée de onze ans à l'époque et parfaitement adaptée au rôle. C'est donc Judy Garland, dix-sept ans, qui incarne l'héroïne de neuf ans, Dorothy.

* * *

Tom et Jerry, les personnages de dessins animés les plus populaires de l'histoire du cinéma, devaient à l'origine être un chien et un renard.

* * *

Mickey Mouse n'a été inventé que parce que Walt Disney avait, par négligence, perdu les droits sur son premier gros succès, Oswald le Lapin chanceux, créé en 1927.

L'année suivante, en 1928, il tenta de négocier avec son agent une augmentation de tarif pour les futurs films d'Oswald, mais découvrit qu'Universal prévoyait au contraire une réduction et menaçait de rompre avec lui s'il refusait. Disney apprit que légalement, Oswald appartenait au studio et non à lui. Il refusa l'accord, perdit la majeure partie de son équipe qui resta sous contrat avec le studio, et recommença seul. Mickey Mouse fut imaginé immédiatement après.

Disney ne serait peut-être jamais devenu une entité indépendante si le chef suprême de la MGM, Louis Mayer, avait écouté ses conseillers et engagé Disney. Il refusa de le faire après avoir vu un dessin animé de Mickey en avant-première : il craignait que les femmes enceintes ne soient terrifiées par l'apparition sur les écrans d'une souris de trois mètres de haut. C'est sur cette décision bizarre que repose le destin de Disney.

* * *

La carrière d'Humphrey Bogart a explosé grâce à trois rôles titres dans quelques-uns des classiques les plus prestigieux d'Hollywood.

Et cela simplement parce que George Raft, l'acteur le plus célèbre à l'époque, les a refusés tous les trois. Il a décliné *La Grande Évasion* parce qu'il ne voulait pas mourir à la fin et *Le Faucon maltais* à cause de l'inexpérience du réalisateur. D'après le folklore hollywoodien, il a aussi refusé *Casablanca* parce qu'il ne voulait pas « avoir pour partenaire une petite Suédoise inconnue au bataillon ». Il a reconnu plus tard que c'était la plus grosse erreur de sa vie.

* * *

Hedy Lamarr a refusé le rôle immortalisé par Ingrid Bergman dans *Casablanca* parce qu'elle ne voulait pas travailler sur un scénario inachevé. En effet, il est bien connu que les scénaristes l'ont écrit au fur et à mesure. Au début du tournage, aucun des acteurs ne savait comment se finirait l'histoire : chaque jour, les scénaristes apportaient la suite.

Bergman aussi a eu du mal : elle se plaignait de ne pas savoir si elle finirait dans les bras de Bogart ou de Paul Henreid (Laszlo), son mari à la ville. « Comment puis-je jouer les scènes d'amour alors que j'ignore avec quel homme je finirai ? » se plaignait-elle à Howard Koch, l'un des scénaristes. « Je lui répondais que je n'en savais rien non plus », a-t-il raconté. Il avait prévu deux fins, sans savoir laquelle choisirait le réalisateur Michael Curtiz.

* * *

En 1931, Boris Karloff s'est assuré le rôle du monstre dans *Frankenstein* parce qu'il avait des traits grossiers : à tel point que le réalisateur James Whale pensait pouvoir le faire tourner sans maquillage. Son principal rival, Bela Lugosi, aurait perdu le rôle parce qu'il protestait contre le lourd maquillage requis. En outre, comme il était déjà une star plus établie, un rôle dont les répliques étaient principalement des grognements ne l'intéressait pas beaucoup.

Karloff fit sensation et tourna ensuite dans plus de cinquante films jusqu'à la fin de la Seconde Guerre mondiale, dont trois *Frankenstein* et *La Momie*.

* * *

On raconte que Charlton Heston a décroché le rôle de Moïse dans le remake de 1956 des *Dix Commandements* grâce à son nez cassé.

Le réalisateur Cecil B. De Mill trouvait qu'il ressemblait à celui de la statue de Moïse par Michel-Ange, cassé au même endroit.

* * *

La grande percée de Clark Gable dans la comédie de 1934 *New York-Miami* n'a eu lieu que parce que son chef de studio à la MGM voulait le punir. Le réalisateur du film, Frank Capra, qui travaillait pour Columbia, le studio le moins en vue, cherchait ses acteurs principaux depuis des mois et le projet menaçait d'être annulé. Quatre stars féminines avaient décliné le rôle de l'héroïne, ainsi que le choix de Capra pour le premier rôle masculin.

Le film battant de l'aide, le directeur de la MGM Louis Mayer appela le patron de la Columbia, Harry Cohn, pour lui demander un service. « Nous avons un garçon, ici, qui n'en fait qu'à sa tête et j'aimerais le punir », lui aurait-il dit. Être envoyé par la MGM dans ce petit studio ressemblait à un exil en Sibérie pour les étoiles montantes. Mais Gable n'avait pas le choix.

New York-Miami connut un succès fulgurant. À la cérémonie des Oscars cette année-là, il devint le premier film à rafler les cinq récompenses principales (meilleur film, meilleur réalisateur, meilleur acteur, meilleure actrice et meilleur scénario), un exploit qui ne devait pas se renouveler avant 1975. Grâce à sa punition, Clark Gable fut propulsé dans la célébrité.

* * *

Sylvester Stallone avait été choisi pour *Le Flic de Beverly Hills*. Mais en lisant le scénario, il exigea plus de scènes d'action pour être à la hauteur de sa réputation.

Le studio objecta pour des raisons budgétaires et chercha un autre acteur. C'est ainsi qu'Eddie Murphy décrocha son premier rôle titre.

* * *

Dustin Hoffman, qui se fit connaître dans *Le Lauréat* en 1967, était le cinquième choix pour ce rôle.

Le premier était Warren Beatty. Il n'était pas disponible car il tournait *Bonnie and Clyde*. Robert Redford fut évoqué mais considéré comme trop âgé. Burt Ward (le Robin de la série *Batman*) choisit de privilégier ce rôle – un choix qu'il regretta ouvertement par la suite, car il n'a jamais pu se débarrasser de cette image et jouer au cinéma. Dustin Hoffman, lui, n'a jamais regretté cette aubaine.

* * *

Christopher Reeve était le sixième choix pour jouer le rôle de Superman.

Warren Beatty, Robert Redford, Steve McQeen, Paul Newman et James Caan l'ont tous décliné. Les films ont rapporté plus de trois cent millions de dollars au box-office, et Reeve a joué dans trois suites.

* * *

La star des années soixante Gina Lollobridgida fut découverte dans une rue de Rome en 1946 par le réalisateur Mario Costa.

La première réaction de la future actrice fut de l'injurier pour l'avoir accostée. Lorsqu'elle fut calmée, il lui proposa de passer une audition pour son film *Elisir d'Amore*.

* * *

Susan George, la ténébreuse actrice britannique, doit sa grande percée à la ruse et à la persévérance.

Elle passa une audition pour un premier rôle de lycéenne face à Charles Bronson dans un conte datant de 1969, *Twinky*. Elle fut rejetée. Elle y retourna le lendemain, refit la queue avec trois cents candidates, sous un autre nom et en uniforme d'écolière. Cette fois, le rôle était pour elle.

* * *

Mel Gibson a décroché son premier rôle majeur, celui de *Mad Max*, en 1979, parce qu'il s'était fait casser la figure la nuit précédant l'audition.

Il n'avait pas prévu de la passer : il était venu accompagner un ami. Son air de gros dur, dû à la bagarre alcoolisée de la veille – nez enflé, contusions – était exactement ce que cherchait le réalisateur, George Miller. On lui dit de revenir deux semaines plus tard ; à ce moment-là, il avait cicatrisé et au début, personne ne le reconnut. La décision de lui attribuer le rôle fut cependant confirmée.

* * *

Fatty Arbuckle, star du muet, était plombier. Il fut appelé pour déboucher un tuyau chez le nabab du cinéma Mack Sennett en 1913. Dès qu'il le vit, Sennet lui donna un contrat. Il allait devenir le premier acteur à être payé plus d'un million de dollars par an.

Autres débuts modestes : Clark Gable. Réparateur de téléphones à l'origine, il rencontre un coach d'acteurs qui le prend sous son aile. John Wayne, modeste assistant accessoiriste, fut repéré par le réalisateur Raoul Walsh alors qu'il déchargeait des meubles d'un camion. Rock Hudson, lui était postier ; sa tournée passait chez un agent d'acteurs, qui lui donna sa chance.

* * *

Judy Garland eut son premier contrat en 1935 parce qu'un assistant avait mal compris les ordres de Louis B. Mayer.

Celui-ci venait de voir à la fois Judy Garland, treize ans, et Deanna Durbin, quinze ans. « Faites signer cette chanteuse, celle qui est plate », avait dit Mayer. Il parlait de Durbin. L'assistant comprit « celle qui est grasse » et appela Garland, qui était potelée à l'époque. Mayer l'appelait d'ailleurs sa « petite bossue ».

* * *

Clark Gable, surnommé « le roi d'Hollywood » à la fin des années trente, avait pourtant raté ses deux premiers essais. Le patron du studio, Jack Warner, trouvait même que c'était une perte de temps de lui faire passer des auditions, car il se comportait « comme un singe » et ne réussirait jamais avec « ces oreilles en feuilles de chou ».

* * *

Quand Jack Nicholson a reçu en 1975 l'Oscar du meilleur acteur pour son rôle dans *Vol au-dessus d'un nid de coucou*, il en a profité pour remercier son « agent d'il y a dix ans, qui m'a dit que je ne serais jamais acteur ».

* * *

La démarche provocante de Marilyn Monroe était due à une faiblesse des chevilles et à ses jambes arquées. Elle accentuait d'ailleurs cette allure en sciant un demi-centimètre au talon droit de toutes ses chaussures.

* * *

Charles Buchinski doit son nom de scène au hasard des feux de circulation de Los Angeles.

En voiture sur Hollywood Boulevard, il dut s'arrêter au rouge, à l'angle de Bronson Avenue. Il trouva que cela sonnait bien. Charles Bronson était né.

* * *

Carol Lombard s'appelait en réalité Jane Peters. Son nom fut inspiré par l'enseigne d'une pharmacie new- yorkaise, Carroll & Lombardi.

* * *

Lucille LeSueur, découverte par la MGM en 1925, est peut-être la seule star dont le nom de scène soit le résultat d'un concours national. Celui-ci fut lancé par un magazine de fans, et l'heureuse gagnante récolta cinq cents dollars pour avoir trouvé « Joan Crawford ».

* * *

Judy Garland avait pour vrai nom Frances Gumm. Elle trouva son pseudo dans le journal de Chicago, au bas d'un article signé Robert Garland. Son prénom, lui, est issu d'une chanson à la mode à l'époque, « Judy ».

* * *

Doris Day s'appelait à l'origine Doris von Kapelloff. Elle fut rebaptisée par un musicien de jazz pour qui elle avait chanté « Day after Day ».

* * *

John Wayn, dont le vrai nom était Marion Morrison, reçut son nom de scène du réalisateur Raoul Walsh. L'idée était de trouver un nom plus masculin. Passionné par la guerre d'Indépendance américaine, Walsh pensa à son héros, « Mad » Anthony Wayne, un général doté d'une solide réputation de virilité patriote. Le studio n'aimait toujours pas le prénom Anthony, lui aussi jugé trop efféminé. Il opta pour un « John » simple et solide.

* * *

Tous les frères Marx (Groucho, Chico, Harpo et Gummo), ainsi que Bing Crosby, ont trouvé leurs curieux prénoms dans une bande dessinée populaire de leur enfance, *Bingville Bugle*.

* * *

Michael Caine s'appelle Maurice Micklewhite. Il voulut prendre pour pseudonyme Michael Scott et appela son agent d'une cabine téléphonique, dans la rue. Celui-ci objecta qu'un autre acteur portait déjà le même nom, et lui demanda d'en trouver un autre sur-le-champ. Micklewhite regarda autour de lui et vit les affiches du film *Ouragan sur le Caine*, qui passait dans un cinéma voisin.

* * *

En 1985, un jeune acteur britannique a raté le rôle de sa vie *à cause* de son nom.

Mark Lindsay avait été choisi par la chaîne américaine NBC, après de longues recherches, pour jouer John Lennon dans un téléfilm. Moins de cinq ans avaient passé depuis l'assassinat du chanteur.

La production découvrit alors que le vrai nom de Lindsay était Mark Chapman… le nom de l'assassin de Lennon. Lindsay avait changé de nom en ralliant le syndicat des acteurs britannique, uniquement parce qu'il existait déjà un Mark Chapman. NBC décida alors que « dans l'intérêt du projet », mieux valait changer d'acteur.

Plus de vingt ans plus tard, Lindsay a eu sa revanche : il a finalement joué le rôle de Lennon dans une version réalisée en 2007.

* * *

Les sept nains de Blanche-Neige, dans la version de Disney, ont été choisis dans une liste qui contenait une cinquantaine de noms. Avant de se décider pour Atchoum, Prof, Joyeux, Grincheux, Simplet, Timide et Dormeur, la production en avait envisagé bien d'autres : Affreux, Bavard, Grognon, Geignard, Crasseux…

* * *

Scoubidou, le célèbre chien peureux, a trouvé son nom lorsque son créateur, Fred Silverman, a écouté Frank Sinatra chanter *Strangers in the night* à la radio. Dans les chœurs du refrain, on entend : « Scooby-dooby-doo… »

* * *

La comédie britannique des années soixante-dix *Faulty Towers*, avec l'inénarrable John Cleese, n'aurait jamais été créée si les Monty Python avaient choisi un autre hôtel lors d'un tournage près de Torquay en 1972.

Celui où ils descendirent, d'après John Cleese, qui a écrit la série avec son épouse

Connie Booth, était dirigé par « l'homme le plus merveilleusement impoli que j'aie jamais rencontré. Il pensait que les clients étaient envoyés exprès pour le contrarier et l'empêcher de diriger son hôtel ». L'hôtelier avait critiqué un membre de l'équipe pour ses « manières américaines » et jeté par la fenêtre la valise d'un autre, de peur qu'elle ne contienne une bombe.

* * *

Roger Moore a percé sur le petit écran en 1962 lorsque Patrick McGoohan a décliné le rôle titre dans *Le Saint*, à cause du donjuanisme du personnage : McGoohan ne le trouvait pas en accord avec sa classe naturelle. La performance de Roger Moore dans cette série était la préparation parfaite pour devenir le successeur naturel de Sean Connery dans *James Bond*.

C'est aussi *Le Saint* qui a fait la renommée de Volvo en Grande-Bretagne. Le personnage devait à l'origine conduire un engin typiquement britannique, une Jaguar Type-E ; mais la compagnie refusa d'en prêter une à la production.

* * *

Le phénomène télévisuel de l'année 1977, *Racines*, qui suivait la descendance d'un esclave africain déporté en Amérique du Sud (on dit d'ailleurs que ce feuilleton lança la vogue de la généalogie familiale), fit une impression colossale aux États-Unis parce que, contrairement aux habitudes de la télévision américaine, ABC diffusa les huit épisodes huit soirs consécutifs. Et cela uniquement parce les producteurs ne croyaient pas au succès du feuilleton et voulaient que les mauvais chiffres d'audience n'apparaissent que sur une semaine, au lieu de « perdre » la guerre de l'audimat sur le même créneau chaque semaine pendant deux mois.

Ironie du sort : c'est justement ce format qui attira des millions de téléspectateurs. Le dernier épisode fut regardé par quatre-vingts millions de personnes – plus d'un tiers de la population américaine –, un record qui ne fut battu que par *Dallas*.

LA DURE LOI DU SPORT

Aux jeux Olympiques d'Athènes en 2004, le nageur coréen Park Tae-Hwan, au départ du 400 mètres nage libre, trébuche en montant sur son plot et tombe dans la piscine.

Le malheureux est disqualifié pour faux départ. C'était la seule épreuve à laquelle il participait. Pour lui, les Jeux se sont terminés en moins d'une seconde.

La participation de Wym Essajas, le premier athlète du Surinam à participer aux Jeux, a été encore plus brève. C'était à Rome, en 1960. Inscrit au 800 mètres, il comprend que les qualifications auront lieu l'après-midi. Erreur. À son arrivée, il apprend qu'elles se sont courues le matin, et qu'il a été disqualifié pour absence. Il est rentré chez lui sans même avoir couru.

À Séoul en 1988, la nation du Vanuatu a vu son premier athlète olympique disqualifié avant même d'avoir commencé. Eduard Paululum, boxeur poids coq, avait pris un solide petit déjeuner le jour de son premier combat. À la pesée, il était une livre au-dessus de la limite de 56,7 kilos. Il est rentré sans même avoir donné un coup de poing.

* * *

Montréal, 1976 : le cycliste soviétique Eduard Rapp, favori pour le 1 000 mètres contre la montre, croit avoir volé le départ et cesse de pédaler, s'attendant à être rappelé. Les juges, au contraire, ont jugé que son départ était bon et le disqualifient… pour s'être arrêté.

* * *

La demi-finale de la lutte gréco-romaine en 1912 a duré plus de onze heures.

L'Estonien Martin Klein a fini par battre le Finnois Alfred Asikainen. Le combat a eu lieu en grande partie sous un soleil de plomb. Klein était si épuisé qu'il n'a pas pu livrer le dernier combat : il a dû renoncer à la médaille d'or par forfait.

* * *

1936, Berlin : dans l'épreuve de boxe poids léger, le Sud-Africain Thoms Hamilton-Brown a dû dire adieu à son rêve olympique à cause d'une erreur d'arbitrage et d'une crise de boulimie.

Il avait perdu son premier combat, ou pensait l'avoir perdu puisque les juges avaient donné 2-1 contre lui. On découvrit plus tard que l'un d'entre eux avait mélangé ses scores et que Hamilton-Brown était en fait le gagnant. Le temps que son entraîneur l'ait rattrapé, Hamilton-Brown, qui avait du mal à rester dans sa catégorie de poids, était parti manger pour se réconforter et avait pris cinq livres. Malgré une nuit de dépense physique frénétique, lorsqu'il se présenta à la pesée pour le deuxième round le lendemain, il était hors limite. Disqualifié.

* * *

L'équipe hollandaise d'aviron avec barreur a gagné l'or à Paris en 1900 en se débarrassant de son barreur, trop lourd, après la première épreuve, et en le remplaçant par un écolier français de petit gabarit pris dans la foule.

L'équipe remporte la finale devant cinq équipes françaises, à un cinquième de seconde, dans une course de sept minutes et demie.

L'écolier, qui devait avoir entre sept et dix ans – le plus jeune athlète et médaillé d'or de l'histoire olympique – a disparu dans la foule et son identité n'a jamais été connue.

* * *

Le golfeur Roberto de Vicenzo, champion en titre du British Open, a raté la victoire en double de l'US Masters de 1968 parce qu'il a signé sa carte sans l'avoir vérifiée.

Son partenaire de jeu avait noté son avant-dernier trou en quatre au lieu de trois. Cela les faisait terminer seconds, à un coup près, et leur coûtait leur chance d'aller en finale. D'après le règlement du golf, une fois la carte signée il n'existe aucune possibilité de rectifier l'erreur.

Et en plus, c'était le jour de son anniversaire.

* * *

En 1963, le tennisman anglais Tony Pickard dispute un jeu très serré face au Néo-Zélandais Ian Crookenden, lors de l'Open d'Italie.

Au moment d'une balle de match cruciale, son adversaire lui renvoie une balle nettement fautive... qui n'est pas prise en compte parce que l'arbitre ne regardait pas : il s'était détourné pour acheter une glace. Jeu, set et match pour Crookenden.

* * *

Le lanceur de disque français Jules Noël a perdu la médaille d'or aux jeux Olympiques de Los Angeles en 1932 parce que tous les juges regardaient une autre épreuve lorsqu'il fit son lancer gagnant.

Au quatrième essai sur six, les spectateurs eurent l'impression que son disque atterrissait au-delà de la marque de l'Américain John Anderson. Malheureusement pour Noël, à ce moment-là, tous les juges avaient tourné la tête vers une épreuve très tendue de saut à la perche. Personne ne vit précisément où le disque de Noël avait touché le sol.

On lui accorda un lancer supplémentaire en compensation, mais aucun de ses autres essais ne s'approcha plus du lancer d'Anderson.

Encore plus rageant, Noël ne monta même pas sur le podium : il termina quatrième... à dix centimètres près, sur des lancers à plus de cinquante mètres.

Une infortune du même genre frappa l'athlète sud-africain Johannes Coleman au marathon de Natal en 1938. Il atteignit le stade de Pietermaritzburg à la fin de la course, sûr d'avoir battu un nouveau record mondial. D'après son estimation, il battait de plus de trois minutes le record de 2 h 26 min.

En passant la ligne d'arrivée, il trouva le juge en train de prendre une tasse de thé à la buvette. Celui-ci s'excusa profusément : il ne s'attendait pas à ce qu'un coureur arrive si tôt. Le temps de Coleman ne pouvait pas être vérifié, et son record mondial ne fut jamais homologué. C'était le sommet de sa carrière. Bien qu'il ait gagné la médaille d'or aux Jeux de l'Empire cette année-là, il ne réussit plus jamais à s'approcher du record du monde.

* * *

L'épreuve olympique de saut à la perche de Paris en 1900 fut entachée par l'indécision des organisateurs responsables de l'athlétisme.

Deux des principaux concurrents américains s'opposaient au fait que l'épreuve ait lieu un dimanche. Les officiels acceptèrent de reporter l'épreuve, et les médaillés potentiels s'en allèrent. Puis les organisateurs changèrent d'avis et ordonnèrent que la compétition ait lieu comme prévu. Elle se tint avec les athlètes qui étaient encore là... dont, par chance, trois qui venaient de concourir pour le saut en hauteur. L'un d'entre eux, l'Américain Irving Baxter, gagna contre une opposition nettement diminuée : deux de ses adversaires absents ce jour-là devaient le battre haut la main en championnat un peu plus tard.

* * *

Un léger problème d'organisation : aux Jeux de Stockholm en 1912, la qualité du tournoi de tennis était bien en dessous du niveau mondial.

Ce qui s'explique facilement : les organisateurs avaient prévu l'évènement... exactement en même temps que le tournoi de Wimbledon.

* * *

L'équipe équestre suédoise des Jeux de 1948 a raté la médaille d'or parce que l'un de ses trois membres portait le mauvais couvre-chef.

À l'époque, les compétitions équestres étaient ouvertes aux militaires à condition qu'ils soient officiers. Pendant l'épreuve de dressage, le directeur de la Fédération équestre internationale remarque que le troisième membre de l'équipe de Suède, Gehnäll Persson, porte un calot de sergent, un grade qui n'est pas le sien. La Suède est accusée de triche et l'équipe est disqualifiée.

À la suite de cet incident, la règle de qualification militaire est abolie. La Suède, avec la même équipe – et incidemment un Persson promu pour de bon –, gagne tout de même la médaille d'or, avant de recommencer en 1956.

* * *

Le bowling moderne, à dix quilles, a été inventé aux États-Unis pour contourner les lois interdisant ce genre de sports.

La version à neuf quilles avait été importée en Amérique par des colons européens au XVIIIe siècle. Au milieu du XIXe siècle, le jeu était associée au crime, aux jeux de hasard et à la mauvaise vie (comme le billard au XXe siècle).

L'État du Connecticut interdit le bowling en 1841, suivi par d'autres. Les joueurs ajoutèrent donc une quille, et ni vu ni connu, purent ainsi continuer à jouer.

* * *

La longueur inhabituelle du marathon olympique (42,195 km) trouve son origine dans les Jeux de Londres de 1908 et dans un goûter d'anniversaire.

Avant cela, cette course se courait sur 40 km. La course de Londres devait partir du château de Windsor. Or, une fille de la princesse Mary donnait son goûter d'anniversaire, si bien que la course fut organisée de manière à démarrer directement sous les fenêtres de la nursery. Le parcours dut donc être légèrement allongé pour se terminer sous la tribune royale. Depuis, tous les marathons ont cette longueur précise.

* * *

Le baron Pierre de Coubertin, fondateur des jeux Olympiques modernes, a trouvé l'inspiration de cette cause dans une pulsion personnelle très profonde. Mais contrairement à ce que l'on pourrait croire, il ne s'agissait nullement d'entretenir l'harmonie et la compétition amicale entre les peuples. Loin de là. L'origine des Jeux repose dans une guerre perdue vingt-cinq ans plus tôt.

Coubertin se passionnait pour les Jeux parce qu'il y voyait un moyen de redonner aux jeunes la force martiale qui lui avait tant manqué face aux Prussiens en 1971. L'idée était donc d'éradiquer une certaine culture de la faiblesse chez l'homme moderne et de construire une nation plus apte à repousser l'ennemi.

C'était aussi une affaire bien masculine. Coubertin ne voulait pas entendre parler d'athlètes femmes. « Leur rôle doit être, comme dans les anciens tournois, de couronner le vainqueur » a-t-il dit après avoir fondé le Comité olympique international en 1894. Il n'y avait pas de femmes aux premiers Jeux modernes, en 1896. Il y eut tout de même une coureuse officieuse dans le marathon, mais elle dut le courir en solo, séparée des hommes, le lendemain. On lui refusa même d'entrer dans le stade pour terminer sa course. Pendant trente-deux ans, il n'y eut pas d'épreuve d'athlétisme pour les femmes, jusqu'à Amsterdam en 1928. Après un tollé public provoqué par l'épuisement des coureuses du 800 mètres lors de ces Jeux, les organisateurs interdirent toute course féminine longue de plus d'un demi-tour jusqu'en 1960.

* * *

L'organisation des Jeux apporte à un pays une fierté nationale et une place permanente dans l'histoire.

Dans un cas – Montréal, en 1976 –, cela apporta aussi une dette spectaculaire qui laissa la ville au bord de la banqueroute pendant vingt ans. L'héritage laissé par une mauvaise gestion, la corruption et l'agitation des syndicats fut un déficit de presque 5 milliards de dollars actuels. La ville imposa une taxe olympique spéciale aux résidents pendant deux décennies pour payer cette dette, et le gouvernement provincial du Québec ajouta une taxe sur le tabac pour aider. Le stade fut enfin payé le 20 juin 2006… trente ans après les Jeux.

Toute cette peine aurait pu être épargnée à Montréal si le président américain Richard

Nixon avait réussi à décrocher l'organisation des Jeux. Dans le concours qui eut lieu en 1970 pour sélectionner le lieu, Los Angeles et Moscou étaient les deux autres villes en compétition. Nixon tenait absolument à héberger les Jeux, car cela aurait coïncidé avec le bicentenaire des États-Unis et aurait été un camouflet pour les Russes en pleine Guerre Froide. Des archives ouvertes en 2000 on révélé que Nixon était même prêt à offrir un morceau de roche lunaire à chacun des soixante-douze membres du Comité olympique international. Mais le Département d'État s'y opposa, décrétant que le précieux minéral ne devait être offert qu'à des chefs d'État, en tant que cadeaux symboliques à tout un peuple et non à un individu.

C'est ainsi que Montréal gagna facilement… pour son plus grand malheur financier.

* * *

Lors des sélections américaines pour les Jeux de 1928, le recordman du monde en 400 mètres, Emerson Spencer, a raté l'équipe nationale parce qu'il se croyait dans une course éliminatoire. Il en a donc fait juste assez pour être sélectionné au tour suivant.

C'est après l'arrivée qu'il a compris qu'il venait de courir pour la sélection. Raté.

* * *

Certains ne sont même jamais arrivés aux sélections, alors qu'ils avaient bien l'intention de courir.

Aux Jeux de Londres en 1908, l'équipe de tir militaire russe a envoyé son dossier d'inscription aux autorités, mais le temps qu'il arrive, la compétition était terminée depuis longtemps. Ils avaient oublié de prendre en compte l'usage russe du calendrier julien, qui a douze jours de retard sur le grégorien, sur lequel se calait le reste du monde.

Ils sont donc arrivés avec deux semaines de retard à leur épreuve.

* * *

Le golfeur Jack Ackerman réussit en 1934 un « trou en un » exceptionnel : sa balle s'était immobilisée au bord du trou lorsqu'un papillon se posa dessus… et la fit tomber.

* * *

En 1911, le joueur de rugby français Gaston Vareilles était sélectionné pour un match international contre l'Écosse. En route, il descendit du train en gare pour s'acheter un sandwich, fut retardé dans la queue et découvrit, en retournant sur le quai, que le train était reparti sans lui.

Il rata le match et ne fut plus jamais sélectionné dans l'équipe nationale.

* * *

Jack Johnson, premier boxeur noir à décrocher le titre mondial des poids lourds (1908-1915) et, à l'époque, le Noir américain le plus célèbre de la planète, a failli perdre la vie au sommet de la célébrité.

Il avait prévu de prendre le *Titanic* en 1912... mais la traversée lui a été refusée en raison de sa couleur de peau.

* * *

Lors de la finale du javelot en 1956 à Melbourne, le Russe Viktor Tsibulenko, deuxième avec encore deux essais à faire, prête son javelot en acier à son rival norvégien, Egil Danielson, qui est alors sixième.

Danielson fait un lancer record et gagne la médaille d'or avec une stupéfiante marge de 5,79 mètres sur la médaille d'argent. Tsibulenko doit se contenter du bronze, à plus de 6 m derrière.

* * *

L'introduction de la natation synchronisée comme épreuve olympique aux Jeux de 1984 à Los Angeles a toujours soulevé des moqueries. On a su quelques années plus tard que la décision avait été difficile à prendre et que le résultat du vote restait douteux.

Il a été révélé en 1986 que lorsque le Comité international olympique a statué sur la question, le vote s'était tenu à main levée. Monique Berlioux, directrice du Comité exécutif et ancienne nageuse olympique, farouche défenseuse de la natation synchronisée, était chargée du décompte. Après une évaluation rapide des deux camps, elle se tourne vers lord Killanin, président du CIO, et déclare confidentiellement que le vote est favorable à son sport. « En êtes-vous *sûre* ? » lui aurait demandé Killanin. « Absolument ! » aurait répondu Berlioux, avec paraît-il une expression « de certitude totale ».

Sauf qu'elle a confié au journal *The Times* en 1986 : « Je ne suis toujours pas sûre… »

* * *

Le tennis indien a eu une occasion de gagner sa première coupe Davis en 1974, mais l'équipe a refusé de jouer en finale contre l'Afrique du Sud, en signe de protestation contre le régime de l'apartheid.

Les deux équipes les moins attendues du tennis mondial étaient arrivées en finale uniquement parce que la plupart des grands joueurs professionnels se remettaient d'une grève prolongée contre les autorités du tennis à propos des primes de compétition.

L'Inde n'avait réussi à atteindre la finale qu'en deux autres occasions sur les cent huit ans d'histoire de ce sport (en 1966 et en 1987) mais avait perdu les deux, contre l'Australie et la Suède.

La course cycliste de 50 km des jeux Panarabiques de 1997, à Beyrouth, a dû être officiellement effacée des registres : les autorités avaient oublié de faire fermer les routes.

Seuls quatre cyclistes parvinrent jusqu'au bout… dont un après s'être fait renverser par une voiture. Il y avait tant d'embouteillages que les véhicules transportant les juges furent bloqués et restèrent loin derrière la course. Personne ne put certifier officiellement le parcours des coureurs.

* * *

Le boxeur américain Daniel Caruso se mettait en condition au début d'un combat au tournoi des Golden Gloves à New York en 1992.

Il se donnait de petits coups au visage avec ses gants lorsqu'il frappa trop fort et se cassa le nez. N'étant plus apte au combat, il perdit avant même d'avoir affronté son adversaire.

* * *

Henry Cooper stupéfia le monde de la boxe en juin 1963 lorsqu'il envoya au tapis le supposé imbattable Cassius Clay (qui devait devenir Mohammed Ali) à la fin du quatrième round, au Wembley Stadium de Londres. Clay était en difficulté et, on le sut plus tard, fut aidé par un subterfuge de son entraîneur.

Angelo Dundee confessa des années plus tard qu'il avait volontairement agrandi une petite déchirure dans le gant de Clay pendant que le boxeur se remettait, afin de les rendre inutilisables. Cela retarda de plusieurs minutes le round suivant, le temps que de nouveaux gants soient apportés des vestiaires. On pense que ce temps aida Clay a récupérer. Il battit Cooper au round suivant.

C'était l'échauffement de Clay avant qu'il défie Sonny Liston pour le titre mondial. S'il avait perdu contre Cooper, ses chances de devenir champion du monde ne se seraient peut-être jamais réalisées.

* * *

Les États-Unis ont déposé une réclamation pour triche lors de la coupe Davis de 1967 contre l'Équateur, à Guayaquil. C'était la finale interzone américaine, et une foule extrêmement partisane aiguillonna l'équipe locale jusqu'à une étonnante victoire 3-2. Les Américains se plaignaient surtout des pitreries d'un perroquet dans les arbres au-dessus du court : il ne criait que quand l'Américain était sur le point de servir.

Le match se transforma en affaire extrêmement tendue. L'entraîneur équatorien se cassa la jambe en sautant le filet pour célébrer la victoire dans le premier set ; en plus, le public jeta des pierres sur l'entraîneur américain pendant tout le match. Mais c'est le perroquet qui est resté gravé dans la mémoire des Américains battus.

Les effets de ce tumulte se répercutèrent sur la performance suivante de l'Équateur. Ils affrontèrent l'Espagne plus calmement à Barcelone et furent massivement écrasés par 5 à 0.

* * *

Si le Tour de France avait commencé comme prévu, il ne serait pas devenu l'évènement sportif légendaire qu'il est encore aujourd'hui.

C'est Henri Desgrange, rédacteur en chef du journal sportif *L'Auto*, qui avait eu l'idée de cette course pour stimuler les ventes de son journal. Il envisageait au départ une course de trente-cinq jours. Lorsqu'il chercha des coureurs début 1903, ceux-ci ne se battaient pas pour relever ce défi de plus d'un mois : il n'en trouva que quinze. Il repoussa la date du départ de juin à juillet – installant ainsi le Tour pendant les grandes vacances, comme toujours depuis – et descendit à dix-neuf jours, une durée pratiquement inchangée aujourd'hui.

L'évolution de la course étant abondamment relayée chaque jour dans les colonnes de *L'Auto*, le Tour attira des milliers de spectateurs sur son passage. Pour l'étape finale à Paris, ils étaient tellement nombreux que le vainqueur dut être emmené au Parc des Princes, où se situait la ligne d'arrivée, en voiture. Ce finish frénétique assura au Tour un succès garanti pour les années à suivre. Il sauva aussi le journal de ses difficultés : le tirage doubla en résultat grâce à l'idée visionnaire de Desgrange.

* * *

Red Rum, le plus grand cheval de course de tous les temps dans le Grand National (trois victoires et deux deuxièmes places entre 1973 et 1977) avait été acheté en 1972 par l'entraîneur Ginger McCain, qui ignorait qu'il souffrait d'une forme d'arthrite.

Red Rum était jusque-là un sprinteur médiocre, et il était déjà âgé de sept ans. Si McCain avait été au courant de son arthrite, il n'aurait sans doute pas donné à ce cheval une deuxième chance.

* * *

L'orgueil ravageur du jeune pilote de course argentin Juan Fangio, qui n'allait pas tarder à devenir une légende, l'a sauvé de la catastrophe avant même qu'il n'ait gagné le premier de ses cinq titres mondiaux.

Lors du Grand Prix de Monaco de 1950, il s'approche d'un virage notoirement dangereux et prend soudain conscience que quelque chose ne va pas. Il remarque que les visages des spectateurs, qu'il voit généralement comme une tache floue et blanchâtre, sont toutes détournées de lui. « S'ils ne me regardent pas, c'est qu'ils doivent regarder autre chose de plus important », se dit-il. Vexé de ne pas être au centre de l'attention, il réagit : il freine brusquement et, en passant le virage, découvre un énorme carambolage. Il gagne la course, le premier Grand Prix de sa carrière.

* * *

Quand le club de foot de Chester City a bâti son nouveau terrain en 1992, il a dû concevoir la disposition des stands de manière à s'assurer que le club reste en Angleterre.

En effet, le stade est à cheval sur la frontière Angleterre-Pays de Galles. Des entrepreneurs futés ont placé le stand principal et les bureaux du club du côté est. C'est la seule partie qui se trouve officiellement en Angleterre, et cela permet au club de rester membre de la ligue anglaise et non galloise. Le terrain, en revanche, est de l'autre côté de la frontière : tous les matchs se déroulent donc, techniquement, au pays de Galles.

* * *

Wembley, le cœur même du football anglais, n'aurait jamais eu de stade si un projet de tour Eiffel version londonienne avait vu le jour.

Dans les années 1880, les lieux étaient devenus un espace de loisirs. On y accédait facilement depuis le centre-ville grâce au nouveau métro. Pour stimuler la fréquentation de la ligne, le flamboyant directeur de la compagnie, sir Edward Watkin (pionnier des premières tentatives de forage d'un tunnel sous la Manche au début des années 1880), propose en 1889 la construction d'une gigantesque tour à quatre pieds, similaire à celle qui vient d'être achevée à Paris. Avec ses 350 mètres, la tour sera la plus haute du monde, dépassant la tour Eiffel de près de 30 m.

La construction commence. Mais alors que les pieds atteignent 60 m de hauteur, on découvre de graves problèmes dans le sol. Les fondations bougent, elles sont jugées inaptes à soutenir une telle tour, et le projet est abandonné. Les vestiges resteront en place jusqu'à leur démolition en 1907.

Lorsque le gouvernement cherche un site pour l'Exposition impériale britannique de 1924, dont la pièce maîtresse doit être un grand stade, la zone de Wembley, dégagée et inutilisée, se révèle être le lieu parfait. Le stade de Wembley est construit sur le site de la tour Watkin en tout juste trois cents jours.

* * *

Les blessures font partie du sport. Mais certaines ont des causes très inattendues.

Le gardien de but de Manchester United Alex Stepney a crié si fort contre ses défenseurs lors d'un match contre Birmingham en 1975 qu'il s'est démis la mâchoire.

Darren Barnard, qui jouait dans l'équipe de Barnsley, a glissé dans une flaque de pipi que son chiot venait de laisser dans la cuisine. Rupture des ligaments croisés, pas de sport pendant cinq mois.

Le gardien de but chéri des Espagnols, Santiago Canizares, a raté toute la Coupe du monde de 2002 après avoir laissé tomber un flacon d'après-rasage dans sa salle de bains d'hôtel. Un éclat de verre lui avait sectionné un tendon au gros orteil.

Alan Wright, ancien footballeur d'Aston Villa, s'est luxé le genou sur l'accélérateur de sa nouvelle Ferrari. Il l'a échangée contre une Rover.

Chic Brodie, gardien de but de Brentford, a vu sa carrière se terminer en 1970 lorsqu'un chien de berger s'est mis à courir sur le terrain pendant un match et à pourchasser la balle dans laquelle il allait shooter. Le chien l'a fait trébucher. Résultat : une rotule détruite. Il n'a plus jamais joué en professionnel.

En 2004, Paulo Dogo, un footballeur suisse, a fêté un but en sautant la barrière devant les supporteurs de l'équipe de Servette. Son alliance s'est coincée dans le grillage : quand il est retombé la bague et le doigt sont restés accrochés. Comme il se tordait de douleur, il a reçu un carton jaune de l'arbitre, qui a cru qu'il jouait la comédie. Le doigt arraché a été retrouvé, mais les médecins n'ont jamais pu le regreffer.

Marcos Martin, un joueur de Séville, se blesse pendant un match contre Tenerife en février 1997. Il est évacué dans une voiturette à moteur. Le conducteur passe trop près des buts : le joueur est encore plus gravement blessé en se cognant la tête contre le poteau.

En 2001, Robbie Reinelt, buteur dans l'équipe de Braintree, s'était légèrement blessé. La table de traitement sur laquelle il est couché s'écroule sous lui : grave blessure à la jambe. Il a raté bien plus de matchs à cause de cette blessure qu'à cause de sa première blessure.

Kevin Kyle, buteur pour Sunderland and Scotland, a dû renoncer à un match en 2006 à cause d'une blessure qu'il s'était faite en nourrissant son fils de huit mois. Alors qu'il tenait une casserole d'eau chaude sur ses genoux pour réchauffer un biberon, il l'a renversée et s'est brûlé les parties génitales.

Le golfeur Colin Montgomerie était si sûr de lui juste avant l'Open d'Angleterre de 2002 qu'il a déclaré la veille de l'ouverture : « Je gagnerai en cinq coups. » En allant prendre son petit déjeuner à l'hôtel le lendemain matin, il rate une marche, tombe sur le poignet et ne joue que sept trous avant de devoir abandonner la compétition.

En 1990, à Toronto, le joueur de base-ball Glenallen Hill s'est blessé en dormant. Phobique des araignées, il faisait un cauchemar dans lequel elles l'attaquaient. Il sortit de son lit en somnambule, se cogna dans une table en verre qui se brisa, se coupa au pied puis tomba dans un escalier. Ce cauchemar lui coûta plusieurs matchs.

En 2001, Adam Eaton, joueur de base-ball pour les Texas Rangers, s'est ouvert le ventre en essayant d'ouvrir un emballage de DVD avec un couteau.

Le boxeur trinidadien Anthony Joseph s'est cassé la jambe en tentant de se relever d'un knock-down, après 86 s de combat pour le titre de poids moyen à Londres en 1996. Il s'est tordu la cheville et est retombé en se fracturant la jambe droite. Il n'a plus jamais combattu.

FAITS DIVERS : CRIMES ET CHUCHOTEMENTS

Le joueur de loterie le plus malchanceux de l'histoire espagnole a vu lui arriver le pire qu'il pouvait imaginer : il a gagné le gros lot.

Jacinto Sanchez Zambrano, patron de bar dans un quartier pauvre de Palencia, dans le nord de l'Espagne, avait acheté un billet à environ 200 euros. Son idée astucieuse était de revendre des parts par cinquantièmes… sauf qu'il en vendit deux cent cinquante.

Il fit un bénéfice rondelet d'environ 1 000 euros. Et tout aurait été pour le mieux… s'il n'avait pas tiré le billet gagnant : soudain, il se retrouvait propriétaire de deux millions d'euros. Les 250 titulaires de billets supposèrent tous qu'ils avaient gagné plus de 40 000 euros, en tout cinq fois plus que ce que recevait Zambrano. Beaucoup avaient dépensé tout ce qu'ils avaient avant que l'horrible vérité n'apparaisse.

Deux jours après le tirage du loto, Zambrano se livra à la police… pour sa propre protection.

* * *

L'une des escroqueries les plus élaborées des années soixante-dix fut démasquée par un hasard total… et un soupçon de malchance.

En 1974, John Stonehouse, député travailliste anglais et ancien ministre, met en place une intrigue minutieusement préparée. Le plan consiste à feindre la mort accidentelle par noyade lors d'une baignade à la plage de Miami, échapper ainsi à ses dettes et recommencer une nouvelle vie avec sa maîtresse. Il réapparaît à Melbourne, en Australie, et commence à puiser dans les trente-six comptes bancaires qu'il a préparés sous plusieurs faux noms en plus du sien.

Le système bancaire détecte ces mouvements de fonds et alerte la police qui le met sous surveillance. Pourtant, ce n'est nullement lui qu'elle cherche ! Elle le prend à tort pour un autre aristocrate anglais : lord Lucan, disparu deux semaines après Stonehouse alors qu'il avait tué la baby-sitter en essayant d'assassiner sa femme (voir ci-dessous).

Cette fausse piste permet aux autorités de trouver la petite erreur qui va causer la perte de Stonehouse. Par hasard, l'agent de police qui va perquisitionner chez lui remarque une pochette d'allumettes dans sa chambre. Elle vient d'un hôtel de Miami où lui-même est descendu vingt ans plus tôt, c'est pourquoi elles retiennent son attention. Quelques jours plus tard, en entendant parler de la « noyade » de Stonehouse en

Floride, il fait immédiatement le lien. C'est cet unique indice qui permettra de l'arrêter.

Stonehouse est jugé en 1976 avec sa maîtresse et condamné à sept ans de prison. Il en fait trois, et meurt en 1988.

* * *

Le faussaire hollandais Han Van Meegeren, auteur de quatorze faux Vermeer, trompait tout le monde de l'art depuis dix ans. Il fut démasqué par le plus grand des hasards à la fin de la Seconde Guerre mondiale. L'un de ses tableaux avait été retrouvé dans la vaste collection d'art amassée par le nazi Hermann Goering, commandant de la Luftwaffe.

Van Meegeren fut inculpé non pour avoir réalisé un faux, mais pour avoir vendu à l'ennemi un trésor national. En effet, Goering avait méticuleusement gardé la trace de ses acquisitions, et tous les détails de la transaction étaient tombés aux mains des Alliés.

Voyant qu'il n'échapperait pas aux poursuites, il se retrouva forcé d'avouer la falsification : un moindre mal comparé à l'allégation, plus honteuse, de collaboration avec les nazis, passible de la peine de mort. Encore plus surréaliste : ses tableaux étaient tellement convaincants que le tribunal ne le crut pas. Il fut sommé d'en réaliser un nouveau devant témoins, ce qu'il fit en six semaines.

Il s'en tira en 1947 avec une condamnation à un an de prison pour escroquerie, et mourut quelques semaines après son procès. L'obsession des nazis pour la bureaucratie avait eu raison de lui.

* * *

Le casse du siècle aurait pu être dix fois plus important si une tempête ne s'en était pas mêlée.

Il s'agit de l'attaque de la succursale niçoise de la Société générale, en juillet 1976. L'agence se spécialisait dans les coffres forts pour les riches et discrètes familles de la Côte d'Azur. Une grande partie de cette fortune comprenait des biens illicites cachés hors d'atteinte du fisc et de la police. Les voleurs étaient donc assurés que peu de gens feraient pression sur la police pour retrouver leurs biens.

Le gang passe deux mois à creuser un tunnel depuis les égouts, qui débouche directement dans la salle des coffres. Il entre un vendredi soir après la fermeture pour le week-end, ce qui lui laisse jusqu'au lundi matin pour dévaliser les coffres à son gré.

Un incident minime va perturber l'opération. De fortes pluies se mettent à menacer la retraite des voleurs. Les égouts par lesquels ils sont passés assurent aussi l'écoulement des eaux de pluie. Une crue risque donc de les bloquer dans la banque. Lorsqu'ils s'enfuient dans leurs canots gonflables, ils n'ont ouvert que 317 coffres sur 4 000.

La fortune volée est tout de même considérable. Officiellement, elle se monte à environ soixante millions de francs. Mais vu la réticence de certaines victimes à se faire connaître, il paraît plus juste de tabler sur un demi-milliard : un record inégalé jusqu'en 2006, où un casse commis en Angleterre a rapporté à ses auteurs 53 millions de livres.

* * *

Si le passeport d'un agent secret britannique n'avait pas été périmé, l'un des réseaux d'espionnage les plus efficaces aurait pu être démasqué au moins dix ans plus tôt.

La défection vers l'Union soviétique, en mai 1951, de deux diplomates de haut rang, Guy Burgess et Donald Maclean, fut le grand scandale politique des années cinquante en Grande-Bretagne. Au-delà du choix personnel des deux hommes, on soupçonnait l'opération (à juste titre, comme on le sut plus tard) d'avoir été organisée par un autre espion communiste, encore plus haut placé dans le gouvernement britannique. Pendant douze ans encore, la chasse au « troisième homme » se poursuivit, jusqu'au jour de 1963 où le diplomate et agent du MI6 Kim Philby fut démasqué.

L'écrivain-espion Rupert Allason (*alias* Nigel Westa), alors député conservateur, a révélé au parlement en 1989 à quel point Burgess et Maclean étaient passés près de se faire attraper au moment de leur défection. Ce soir-là, Burgess est reconnu par un officier de l'émigration de Southampton alors que tous deux prennent le ferry pour la France. Les services secrets sont informés et un haut fonctionnaire est envoyé chez lui chercher son passeport pour prendre l'avion et les intercepter à l'arrivée du ferry à Saint-Malo. En arrivant à l'aéroport, l'agent découvre que son passeport est périmé. Il est contraint de rentrer chez lui sans avoir rempli sa mission.

Burgess et Maclean sont arrivés jusqu'à Moscou. Philby a continué à opérer incognito pendant douze ans avant de réussir lui aussi à passer à l'Est. Et l'homme de l'interception ratée ? Il est devenu chef du MI5 et pair du royaume.

* * *

Un autre passeport a coûté cher à James Earl Ray, l'assassin de Martin Luther King, finalement arrêté par la police britannique après avoir fui les États-Unis.

Deux mois après le meurtre du pasteur à Memphis en avril 1968, Ray traverse l'aéroport d'Heathrow, à Londres, en transit entre Lisbonne et Bruxelles. Au moment d'embarquer sur un vol pour Bruxelles, il montre par inadvertance deux passeports, établis à deux noms différents.

La différence est minuscule mais essentielle. L'un des passeports le présente comme George Ramon Sneyd, l'autre George Ramon Sneya. Cela éveille naturellement des soupçons. Les douaniers fouillent l'homme et trouvent sur lui un pistolet chargé. Il est arrêté, sa véritable identité rapidement révélée, et en six semaines il est extradé vers les États-Unis.

Il plaidera coupable et sera condamné à quatre-vingt-dix-neuf ans de prison, où il mourra trente ans plus tard, en avril 1998.

* * *

Le projet de lord Lucan était simple : s'il voulait tuer sa femme, il devait le faire un jeudi soir, jour de congé de la baby-sitter. Et il devait le faire dans la cuisine en sous-sol de leur élégante maison, où son épouse descendait toujours peu après 21 heures pour préparer sa tasse de thé du soir.

Malheureusement pour la baby-sitter de vingt-neuf ans, Sandra Rivette, elle décida ce soir-là de ne pas sortir avec son petit ami comme elle le faisait d'habitude. Lucan s'en rendit compte après l'avoir tuée, quand il entendit son épouse appeler Sandra depuis la chambre. Il s'attaqua également à elle, mais sans succès : elle réussit à s'enfuir de la maison et à donner l'alarme.

Lucan a disparu ce soir-là et n'a jamais été retrouvé.

* * *

L'ouverture des archives gouvernementales révèle son lot de boulettes. Celles de Scotland Yard, rendues publiques en 2005, prouvent qu'une erreur élémentaire a permis au grand bandit Robbie Biggs de jouir de vingt-sept ans de cavale dans sa cache au Brésil.

Biggs s'était évadé de la prison de Wandsworth en 1965. En février 1974, le *Daily Express* découvre qu'il vit à Rio de Janeiro et en informe Scotland Yard. Craignant que la nouvelle ne filtre jusqu'à Biggs s'ils contactent les autorités brésiliennes, les enquêteurs décident, sans en parler à aucun des deux gouvernements, de se rendre directement sur place pour l'arrêter.

Lorsque le surintendant Jack Slipper arrive au poste de police de Copacabana, on lui explique qu'il n'a pas l'autorité nécessaire. Cette tentative est très mal prise par le gouvernement brésilien, et la publicité que Slipper voulait éviter ne tarde pas à éclater. Biggs, mis au courant, glisse entre les doigts de la police. Ironie du sort : d'après les archives, si la demande était passée par les canaux officiels, Biggs aurait été arrêté par les agents d'Interpol à Rio et livré à ceux de Scotland Yard « dans les plus brefs délais et la plus grande discrétion ».

Il faudra encore presque trois décennies pour que Biggs retourne en Grande-Bretagne et en prison, en 2001.

* * *

L'assassinat le plus célèbre du Royaume-Uni au XXe siècle, celui de son épouse par le Dr Hawley Harvey Crippen, n'aurait jamais été mis au jour sans une série de hasards. Et le plus étonnant est qu'il est peut-être innocent du crime pour lequel il a été exécuté.

Crippen reste dans l'histoire comme étant le premier criminel à avoir été appréhendé grâce à la télégraphie sans fil. Il est arrêté à son arrivée au Canada, après avoir fui la Grande-Bretagne sur un vapeur, en juillet 1910. Il emmenait avec lui sa maîtresse Ethel Le Neve, médiocrement déguisée en garçon. Le capitaine du *SS Montrose* se méfie de ses costumes mal ajustés : les vêtements sont trop grands, et les pantalons retenus par des épingles de nourrice. D'autre part, il trouve suspect le comportement excessivement affectueux de Crippen envers son prétendu fils.

En outre, Crippen joue de malchance. Il se trouve que le capitaine Henry Kendall est un passionné de technologie moderne. Plus tôt dans sa carrière, il avait travaillé avec Marconi, le pionnier de la radio, sur le développement de la communication entre les bateaux et la terre. C'est pourquoi le *Montrose*, sous son commandement, est l'un des très rares navires à être équipé d'un télégraphe radio (il n'en existe alors que soixante au monde). Kendall envoie un message à Londres, et l'inspecteur Dew, de Scotland Yard, expédie une embarcation plus rapide aborder le *Montrose* à son arrivée dans les eaux canadiennes.

Le comble, c'est que Crippen n'aurait sans doute jamais été inquiété s'il ne s'était pas enfui. La police, alertée par des amis de sa femme inquiets de sa disparition soudaine, est allée visiter sa maison du nord de Londres et n'y a trouvé aucune trace de comportement criminel. Il prétend qu'elle est partie avec un autre homme, et rien n'indique que ce ne soit pas la vérité. Les autorités sont en passe de classer l'affaire, quand Crippen perd son sang-froid et disparaît. Une nouvelle perquisition a lieu chez lui. On ne trouve encore rien à la deuxième inspection, et il en faut une troisième pour que les agents découvrent dans sa cave des briques mal ajustées derrière lesquelles on trouve un corps mutilé.

Le torse sans tête ni membres ne sera jamais formellement identifié comme étant celui de Cora Crippen, mais les preuves circonstancielles qui entourent l'affaire sont suffisantes pour accuser son époux. Il est jugé en octobre 1910 et pendu un mois plus tard.

La dernière ironie de l'affaire, toutefois, n'a fait surface qu'en 2007. Des chercheurs de l'université du Michigan ont analysé l'ADN du corps trouvé dans la cave. Il ne pouvait pas s'agir de sa femme : il ne correspondait pas aux descendants connus de Cora Crippen. Il est très probable que Crippen n'ait pas assassiné sa femme mais se soit livré à des avortements clandestins. Le corps serait celui d'une patiente n'ayant pas supporté l'intervention.

* * *

Un autre assassin britannique a été confondu par des aveux… qu'il n'avait aucun besoin de faire.

Peter Reyn-Bard était soupçonné du meurtre de son « épouse de convenances », qu'il avait épousée en 1959 pour cacher son homosexualité. Elle avait disparu peu après.

Plus de vingt ans après, un ancien associé de Reyn-Bart raconte à la police que celui-ci lui a avoué le meurtre. La police n'a aucune preuve et ne peut rien faire à partir de ce seul tuyau. Mais en mai 1983, des ouvriers récoltant de la tourbe trouvent un crâne humain à trois cents mètres de la maison de Reyn-Bart. Interrogé par la presse, il passe aux aveux. Il est jugé et condamné à la prison à vie.

Un peu plus tard, quand le crâne est analysé, on découvre qu'il date en réalité de l'époque romaine. Il n'avait aucun rapport avec l'affaire Reyn-Bart.

Le chaotique système juridique indien n'a rien à envier aux pires fantasmes de Kafka : un homme arrêté pour avoir voyagé sans billet a passé plus de 29 ans en préventive.

La Haute Cour de Patna, dans l'État oriental du Bihar, a ordonné sa relaxe en janvier 1982 après avoir découvert qu'il croupissait dans les geôles depuis mars 1953. Il avait été transféré dans une deuxième prison peu après son arrestation, et s'y était morfondu pendant six ans à attendre une décision de justice. Entre-temps, sa première prison avait perdu tout son dossier. C'est seulement en 1981, à l'occasion d'un nouveau transfert, que l'on prit de nouveau conscience de son existence.

La dernière fois que l'on a entendu parler de lui, en février 1982, il préparait son procès tant attendu, soutenu par deux avocats dont aucun n'était né à l'époque de son arrestation. Kashiram a déclaré à la presse que cela ne le dérangerait pas d'être renvoyé en prison : comme il y avait passé les deux tiers de sa vie, « il s'y était fait ».

Un couple israélien qui voulait se marier en 1994 s'est vu refuser l'autorisation par un tribunal religieux juif à cause d'une offense commise par un lointain ancêtre… 1 414 ans plus tôt.

Massoud Cohen et sa fiancée, Chochana Hadad, furent refoulés parce que le rabbinat de Galilée avait enregistré qu'en l'an 580, un ancêtre prêtre de Hadad avait épousé une divorcée, brisant une interdiction juive. La punition fut imposée à tous ses descendants.

* * *

John Lee, un assassin de vingt ans de l'époque victorienne, a échappé à l'exécution en février 1885 parce, au moment de sa pendaison, la trappe de l'échafaud est restée coincée trois fois de suite.

On le ramène alors à sa cellule, le problème technique est apparemment réglé, puis il retourne à l'échafaud… et la même chose se reproduit. À la troisième tentative, il est ramené pour de bon à sa cellule : aucun employé de la prison n'est en état de le reconduire à l'échafaud. Tous les officiels présents sont tellement choqués que l'exécution est annulée, et la peine commuée en prison à vie. Lee passera vingt-deux ans en prison avant d'être libéré en 1907.

LES AFFAIRES : CHANCE ET INTUITION

Matchbox, pionnier de la petite voiture jouet juste après la Seconde Guerre mondiale, doit son existence au caprice d'une fillette.

En 1950, une petite Anglaise raconte à son père que son école interdit aux élèves d'apporter le moindre jouet s'il ne tient pas dans une boîte d'allumettes (*matchbox* en anglais). Jack Odell, le papa, lui fabrique alors une petite voiture pour qu'elle la montre à ses camarades de classe.

C'est le point de départ d'une série de modèles qui deviennent des classiques du jouet dans les années 1950 et 60. Ils continuent à être conditionnés dans des boîtes à peine plus grosses que des boîtes d'allumettes. En 1966, les voitures Matchbox sont les plus vendues au monde : plus de cent millions par an dans plus de cent pays, avec quatorze usines dans et autour de Londres. Au sommet de sa popularité, Matchbox produisait un quart de millions de pièces par semaine, à un rythme de plus de mille par minute.

* * *

Le Monopoly, le jeu de plateau le plus populaire du XXᵉ siècle, a bien failli ne jamais voir le jour : l'éditeur Parker Brothers l'avait refusé au motif qu'il comptait « pas moins de cinquante-deux défauts fondamentaux ». Entre autres reproches : les parties étaient trop longues, les règles trop compliquées, les joueurs n'avaient pas d'objectif clair…

Malgré la vigueur du refus, son concepteur, Charles Darrow – un Philadelphien sans emploi – persévère et commence à vendre des versions faites à la main. Deux ans plus tard, en 1935, Parker comprend son erreur et rachète les droits. La société vend 20 000 boîtes la première année.

Des recherches récentes semblent indiquer que Darrow n'était pas l'inventeur d'origine. Il avait repris les principes d'un jeu antérieur, *The Landlord's Game*, breveté en 1903 et 1924 par une activiste sociale du Maryland, Lizzie Magie, pour démontrer les ravages de la monopolisation des terres. Pour se préserver de tout problème juridique, Parker racheta discrètement la patente de Magie pour 500 dollars, sans royalties.

* * *

L'autre grand jeu des années de la Dépression, le Scrabble, a connu des débuts tout aussi difficiles et a fini par triompher par un coup de chance.

L'architecte Alfred Butts, de l'État de New York, crée le jeu en 1931 dans une période de chômage. Il fabrique les jeux à la main dans son garage et les vend à ses voisins. Pendant vingt ans, personne ne le remarque et la production reste confidentielle. À l'époque, le jeu ne s'appelle même pas Scrabble. Après avoir envisagé Criss-Cross et Lexico, Butts l'a bizarrement baptisé « It ».

Butts finit par convaincre un de ses amis, James Brunot, de racheter les droits en 1948. Celui-ci le renomme Scrabble. Deux ans plus tard, il n'a vendu que 8 500 boîtes – à raison de deux douzaines par semaine – et se retrouve au bord de la banqueroute.

Le vent tourne en un éclair lorsque Jack Strauss, directeur du grand magasin Macy's de New York, a l'occasion d'y jouer en vacances en 1952. Séduit, il décide de le référencer. Les ventes montent en flèche : 6000 boîtes par semaine. Les trente-cinq ouvriers qui le fabriquent ne peuvent plus suivre la demande.

Brunot vend ses droits, en s'assurant que Butts aussi touche des royalties, quoique modestes (5 % sur les ventes). Il devient millionnaire, alors que Butts ne reçoit que 50000 dollars par an au plus fort du succès, dans les années 1950 et 1960. Et cela seulement jusqu'en 1974, date d'expiration de son contrat. Butts décède en 1993.

Les experts s'émerveillent toujours d'un aspect précis du jeu : dès le départ, Butts avait tout mis en place exactement comme il le fallait. Les points rapportés par chaque lettre n'ont jamais changé. Butts avait décidé de leur valeur en comptant combien de fois chacune apparaissait sur une page du *New York Times*.

* * *

Forrest Mars, créateur de la barre chocolatée Mars et de dizaines d'autres marques de friandises mondialement connues, s'est lancé dans la confiserie… à cause d'une arrestation pour délit mineur.

Au début des années vingt, Forrest poursuit des études à l'université de Californie pour devenir ingénieur des mines. Il a perdu de vue son père depuis le divorce de ses parents, quinze ans plus tôt. Pendant ses vacances, il trouve un petit job : vendeur de cigarettes Camel. Il est arrêté pour avoir collé des affichettes publicitaires sur des vitrines de Chicago. La presse locale publie un entrefilet sur l'affaire.

Son père tombe sur l'article, se dit que c'est l'occasion de renouer avec son fils et s'en va le libérer sous caution. Suite à ces retrouvailles, Forrest commence à travailler dans la société de son père, une modeste affaire de confiserie. Il développe rapidement la barre Milky Way et, à partir de 1933, la barre Mars.

Mars mourra milliardaire en 1999, après avoir donné au monde, entre autres, les Snickers, les M&M, les Maltesers, les Twix et les

Skittles… tout cela à cause d'un délit mineur et d'un article aperçu par hasard dans la presse.

* * *

La chaussure de sport moderne, avec ses semelles antidérapantes, a été inspirée à son inventeur… par un moule à gaufres.

Bill Bowerman, créateur de la société Nike, avait remarqué la forme de ses gaufres au petit déjeuner et s'était émerveillé de son potentiel. Ses nouvelles semelles, étrennées en 1971, sont directement issues de ces réflexions. La « basket gaufre » est mise à l'essai en 1972. Dès 1974, elle est la chaussure la plus vendue aux États-Unis. Nike révolutionne le marché en produisant des chaussures de course plus légères, plus antidérapantes, plus souples et plus confortables que les autres. Bowerman a déclaré que grâce à son invention, les athlètes soulevaient en moyenne cent kilos de moins pendant une course.

* * *

Les chaussures Doc Marten's sont nées d'un accident de ski et des besoins de vieilles dames allemandes.

Un beau jour de 1945, le docteur Klaus Maertens, chirurgien orthopédiste de Munich, se blesse au pied sur les pistes de ski des Alpes bavaroises. Trouvant les chaussures ordinaires inconfortables pendant sa convalescence, il s'associe avec un ancien camarade d'études, l'ingénieur Herbert Funck, pour inventer en 1947 la semelle à coussin d'air. Le principal composant est du caoutchouc récupéré sur les pneus d'avions des surplus de la Luftwaffe d'après-guerre.

Ses chaussures, qui portent le nom du Dr Maertens, sont conçues à l'origine pour les personnes âgées qui ont du mal à marcher. Les fabricants britanniques se voient proposer des licences pour les produire au Royaume-Uni à la fin des années cinquante, mais personne ne perçoit leur potentiel commercial… sauf un, un fabricant de bottes, Griggs & Co, qui fournit en bottes l'armée britannique mais cherche un produit nouveau. Le nom, anglicisé, devient « Dr Martens », et la première collection sort en 1960. Les chaussures sont adoptées par les hooligans de foot et les skinheads au début des années 1970, avant de devenir le signe de ralliement des rebelles de tout poil.

* * *

La discorde a parfois des effets surprenants : c'est en effet une querelle entre deux frères ennemis qui a donné naissance à deux marques mondialement célèbres : Puma et Adidas.

Adolf (« Adi ») et Rudolf (« Rudi ») Dassler, qui ont fondé une société en commun en 1924, travaillent dans l'harmonie jusqu'à la Seconde

Guerre mondiale. Ils produisent des chaussures de qualité et se diversifient dans les articles de sport à l'occasion des jeux Olympiques de Berlin. Mais les tensions entre eux augmentent avec la montée du nazisme : Rudi, l'aîné, ancien combattant de la Première Guerre mondiale, est plus proche du pouvoir. Adi, le plus jeune, ne partage pas ses opinions politiques.

Le conflit atteint un point de rupture sur un malentendu dans un abri, lors d'un bombardement allié en 1943. Adi et sa femme, entrant dans l'abri, y trouvent Rudi et son épouse déjà installés. D'après la légende de l'entreprise, Adi commente : « Voilà ces salopards qui recommencent ». Il veut parler des Alliés, mais Rudi prend la remarque comme une insulte contre sa famille. Ils ne se réconcilieront jamais. En 1948, les frères rompent toute relation. Adi Dassler crée Adidas l'année suivante. Rudi décide alors de le concurrencer avec sa propre société, Puma. Tous deux installent leurs usines dans la même petite ville bavaroise de Herzogenaurach, à 25 kilomètres au nord de Nuremberg.

Adidas est à ce jour le deuxième plus gros fabricant de vêtements de sport au monde. Puma, le deuxième en Europe… derrière Adidas.

* * *

La carte de crédit est le résultat d'un oubli de portefeuille dans un restaurant de New York.

1949 : l'homme d'affaires Francis McNamara a emmené un groupe de clients dans un grill chic de Manhattan, le *Major's Cabin*. Au moment de payer, il découvre qu'il est sorti sans son portefeuille. Il est obligé d'appeler sa femme, qui fonce le rejoindre avec de l'argent liquide. McNamara se jure de ne jamais plus se retrouver dans cette situation embarrassante.

Avec son associé Ralph Schneider, il invente la toute première carte de crédit au monde, la Diner's Club. En février 1950, il retourne au *Major's Cabin* et paie son dîner par carte. Diner's Club a baptisé ce repas historique « le premier souper ».

La première année, vingt mille personnes prennent la carte, qui est acceptée par quatre cents restaurants, trente hôtels et deux cents loueurs de voiture dans cinq grandes villes américaines. En 1955, le nombre de clients a décuplé. Jusqu'à 1961, la carte est en carton, et non en plastique. Il faut attendre 1958 pour qu'un concurrent – American Express – apparaisse.

* * *

L'intuition géniale qui a abouti à la création de la perceuse, et a lancé la mode moderne du bricolage, est encore un fruit du hasard.

Alonzo Decker (celui de Black & Decker) vend à l'armée américaine des chignoles à main, utilisées pour l'armement pendant la Seconde Guerre mondiale. Voyant les commandes de produits de rechange monter en flèche, il commence à craindre que son produit ne tombe trop souvent en panne.

Au lieu de simplement honorer les commandes et de vendre ses chignoles, il mène l'enquête sur les causes du problème. Il découvre que celui-ci ne vient pas d'un manque de qualité, mais qu'il est au contraire victime de son succès : il s'avère que dans les usines, les ouvrières emportent les chignoles chez elles le week-end pour faire leurs réparations… et les gardent.

Black & Decker produit sa première perceuse domestique en 1946. C'est un succès instantané. Quatre ans plus tard, la maison sort sa millionième pièce. Le bricolage à la maison était un marché phénoménal qui ne demandait qu'à être découvert.

* * *

Le découvreur des mines d'or de Witwatersrand, en Afrique du Sud, n'a jamais compris la valeur de sa trouvaille.

George Harrison, un chercheur d'or australien, a revendu sa parcelle pour tout juste dix livres, en novembre 1886, quatre mois après l'avoir achetée. Le site, proche de la Johannesbourg actuelle, était le plus riche dépôt d'or au monde, avec sa veine longue de plus de 80 km.

* * *

En 1993, le trader chilien Pablo Davila, employé par la Codelco, la compagnie nationale d'exploitation du cuivre, a cliqué sur le bouton « acheter » de son ordinateur au lieu du bouton « vendre ».

Lorsqu'il a compris son erreur, il avait déjà perdu 40 millions de dollars sur le marché. Il a tâché de limiter ses pertes, mais ces transactions n'ont fait qu'aggraver son cas. Il a fini débiteur de 207 millions : 1 % du PIB de son pays.

* * *

Si la chaîne d'hôtellerie Holiday Inn existe, avec le succès que l'on sait, c'est parce qu'un homme d'affaires de Memphis a passé des vacances familiales déprimantes à Washington en 1951.

Kemmons Wilson découvre à cette occasion que la pratique habituelle des motels est de faire payer un supplément pour les enfants. Manque de chance : il en a cinq. « Ma chambre à cinq dollars est devenue une chambre à seize dollars. » Il rêve alors d'hôtels où les enfants pourraient séjourner gratuitement dans la chambre de leurs parents. Et met son idée en pratique.

Il demande à un dessinateur industriel de lui dessiner des plans. Celui-ci y travaille tout en regardant le film de Bing Crosby *Holiday Inn* à la télévision. Il dessine le nom en haut de ses plans. Cela plaît à Wilson, qui l'adopte.

Le premier Holiday Inn ouvre à Memphis en 1952. En quinze ans, la marque devient la plus grande chaîne d'hôtels du monde, avec plus de 300 000 chambres dans presque 2 000 hôtels quasi identiques. La chaîne a été vendue en 1989 pour 2,2 milliards de dollars.

Kemmons Wilson est considéré comme le père de l'hôtellerie moderne... tout cela parce qu'il était mécontent de ses vacances.

* * *

Le minigolf, lui aussi, est directement issu de la cervelle d'un hôtelier ingénieux.

Il est inventé en 1927 par Garnet Carter, non pour son attrait sportif mais pour inciter les automobilistes de passage à s'arrêter à son hôtel du Tennessee.

Il dépose l'idée lorsqu'il constate qu'elle surpasse en popularité toutes les autres distractions proposées à ses clients. En trois ans, il a franchisé des terrains dans plus de trois mille autres établissements.

Le phénomène se révèle étonnamment populaire, mais de courte durée. En 1930, on compte plus de mille mini- golfs rien qu'à New York et Los Angeles. La mode est si forte que le premier construit à Long Island est amorti, dit-on, en cinq jours.

La Dépression aura toutefois raison de cette lubie, qui refera surface dans les années soixante, à plus petite échelle, le plus souvent dans les parcs de loisirs du bord de mer.

* * *

Marks and Spencer se serait appelé Marks and Dewhirst si Michael Marks avait travaillé avec l'associé de son choix.

Marks, un immigrant russo-polonais de vingt-cinq ans arrivé à Leeds en 1884 sans un sou en poche, s'associe avec Isaac Dewhirst dès le début de sa carrière. Ce dernier est le grossiste auquel Marks achète ses denrées, qu'il revend dans les villages des alentours de Leeds, puis sur son stand au marché de Kirkgate, dans le centre commercial de la ville.

Au bout de dix ans, Marks est propriétaire d'une chaîne de bazars dans tout le Yorkshire et le Lancashire. Il cherche un associé et pense tout naturellement à son fournisseur de confiance, Dewhirst. Mais celui-ci décline la proposition. Il recommande à sa place son caissier, un certain Tom Spencer, qui se laisse convaincre d'acheter une demi-part à 300 £ dans la compagnie qui devient M&S.

Dès 1900, ils possèdent 36 magasins et ne regrettent pas un instant leur association.

Le nom d'Isaac Dewhirst sombre dans l'oubli général, mais il reste important dans l'histoire de Marcs and Spencer : c'est lui qui a prêté à Marks ses cinq premières livres, pour lui permettre d'acheter du stock et d'installer son premier stand.

* * *

C'est la curiosité d'un vendeur de milk-shakes qui a permis l'avènement d'un phénomène commercial mondial connu sous le nom de McDonald's.

En 1954, Ray Kroc reçoit commande de huit machines à milk-shakes de la part d'un petit restaurant de hamburgers de San Bernardino, en Californie. Celui-ci est dirigé par deux frères, Dick et Maurice McDonald. Chaque machine étant capable de fabriquer cinq milk-shakes à la fois, il ne comprend pas pourquoi les frères en veulent huit.

En visitant le restaurant, il comprend tout. Les frères McDonald tiennent un petit établissement extrêmement efficace. Leur concept de « service rapide » s'appuie sur un menu limité, pas de serveurs en salle, et des couverts en papier et en plastique pour accélérer le nettoyage après le passage de chaque client.

Les frères, qui ont ouvert leur premier établissement en 1940, se satisfont de l'affaire telle qu'elle est. Mais Kroc a une vision. En un an, il les persuade de lui céder les droits de franchise exclusifs de la marque. Il ouvre son propre McDonald's en avril 1955, et vend fiévreusement la marque. Six ans plus tard, les McDonald lui cèdent les droits mondiaux sur le nom pour 2,7 millions de dollars. La même année, il en engrange six. Au moment de sa mort en 1984, la société McDonald's rapporte 8 milliards par an.

En 1967, le millième McDonald's d'Amérique ouvrait, avec des branches au Canada et à Puerto Rico. Il existe aujourd'hui près de 25 000 McDonald's dans le monde. On estime le nombre de clients quotidiens à 54 millions : environ 1 % de la population mondiale.

* * *

Le réseau de vente de cosmétiques Avon au porte-à-porte a été développé par hasard par un représentant de commerce qui tentait de vendre… des livres.

David McConnel, vingt-huit ans, était représentant en encyclopédies dans l'État de New York. Voyant que ses ventes stagnent, il a l'idée d'offrir un petit flacon de parfum à toute cliente qui le laisse présenter ses produits. Bientôt, les parfums deviennent plus populaires que les livres. En 1886, il change donc son fusil d'épaule. Sans le vouloir, il est tombé sur un marché énorme : les femmes rurales qui n'ont pas l'occasion d'aller faire les magasins.

Pendant toute la première année, il est son propre représentant. Il engage sa première « demoiselle Avon » en 1887. À sa mort en 1937, elles sont plus de trente mille à sillonner l'Amérique.

Aujourd'hui, l'entreprise peut se vanter d'être le plus grand diffuseur de cosmétiques et de produits de beauté en vente directe au monde. Et tout cela parce qu'un représentant a découvert à la dure que ses clientes n'aimaient pas la lecture.

* * *

La sauce Worcestershire, ce curieux condiment anglais au nom imprononçable, a des origines tout aussi curieuses que son goût.

Elle est inventée par deux chimistes de Worcester – John Lea et William Perrins – en 1835 à la demande d'un notable local, lord Marcus Sandys, qui cherche à recréer une sauce au poisson qu'il appréciait lorsqu'il était gouverneur du Bengale.

Ils font des essais avec les ingrédients toujours utilisés aujourd'hui : vinaigre, mélasse, anchois, oignons et ail, mais la concoction qui en résulte – on ne s'en étonnera pas trop – est infecte. Rangée dans une cave, elle reste oubliée pendant deux ans sur une étagère.

Un jour de rangements, la mixture est redécouverte. Elle est sur le point d'être jetée lorsqu'un des chimistes décide de la regoûter.

Bizarrement, elle semble avoir vieilli comme un bon vin. Elle a désormais un arôme fort et un goût unique. Lea et Perrins rachètent les droits de production à lord Sandys et mettent sur le marché la sauce Worcestershire originale en 1837. Deux ans plus tard, un importateur new-yorkais l'introduit en Amérique : le succès est tel qu'en un rien de temps, une usine est construite sur le territoire américain.

Il s'ensuivra un culte mondial. La recette est restée pratiquement inchangée pendant 165 ans. En 2008, la sauce Worcesterhire a été élue par une chaîne de télévision culinaire « plus grande contribution de l'Angleterre à la cuisine mondiale », devant le cheddar, le Yorkshire pudding et la crème aigre.

Imprimé en Europe
ISBN : 978 2 3 6075 090 0
Dépôt légal : à parution